E100 성경읽기와 함께하는 신약 50일

매일 성경

첫걸음

성서유니온선교회

E100 성경읽기와 함께하는 **신약 50일**

매일성경 첫걸음

엮은이_ (사) 한국성서유니온선교회

펴낸곳_ (사) 한국성서유니온선교회

초판발행일_ 2013년 7월 4일
초판 11쇄_ 2025년 2월 21일

등록_ 제14-6호(1978.10.21)
주소_ 05663 서울시 송파구 오금로 22길 13
전화_ 02-2202-0091
팩스_ 02-2202-0095
홈페이지_ http://www.su.or.kr
이메일_ edit02@su.or.kr

ISBN 978-89-325-0218-2　04230
ISBN 978-89-325-0216-8　04230(세트)

성서유니온선교회Scripture Union는 1867년에 영국에서 어린이 전도와 성경읽기 사역을 시작하여,
현재 120여 개국에서 다양한 사역을 펼치고 있는 국제 선교단체입니다.

한국성서유니온선교회는 1972년에 시작되어 한국 교회에 성경묵상QT을 소개하였고,
현재 전국 12개 지부에서 성경읽기, 어린이 · 청소년 전도, 캠프, 개인성경공부PBS,
그룹성경공부GBS, 지도자 훈련, 기독교 서적 출판 등의 사역에 힘쓰고 있습니다.

성서유니온선교회의 목적은 어린이와 청소년 그리고 그들의 가정에 하나님의 복음을 전하는 한편,
모든 그리스도인이 규칙적이고 체계적인 성경묵상을 통해 온전한 믿음에 이르도록 돕는 것입니다.

말씀의 수혜는 많지만
그 어느 때보다
성경문맹은 늘어나는 시대에,

검색만 있고 사색은 잃어버린,
Quiet Time마저
Quick Time으로 변해가는 시대에,

긴 호흡의 성경읽기와 묵상을 위한
『E100 성경읽기와 함께하는 매일성경 첫걸음』

'통독'과 '묵상'의 만남,
'흐름 읽기'와 '깊이 읽기'의 어울림.

성경,
통독(通讀)이 막연해 보이고,
묵상(默想)이 어렵게 느껴진다면

『E100 성경읽기와 함께하는 매일성경 첫걸음』과 함께
성경의 숲을 거닐며
묵상의 여정을 시작해보십시오.

CONTENTS

서문

E100성경읽기와 함께하는 매일성경 첫걸음

미국 성서유니온선교회에서 발행한 'E100 성경읽기'는 성경에 익숙하지 않은 사람이나 성경 문맹에 가까운 현대인들에게 신구약 핵심 본문 100개를 읽게 함으로써, 하나님 나라에 대한 큰 그림을 그릴 수 있게 하는 프로그램입니다. '매일성경 첫걸음'은 이 'E100 성경읽기' 프로그램과 연결하여 성경의 전체적인 숲을 보게 할 뿐만 아니라, 본문의 말씀을 매일 깊이 있게 묵상할 수 있도록 만들어졌습니다.

'매일성경 첫걸음'은 신약 50개, 구약 50개 본문을 가지고 하나님 나라 관점에서 성경을 쉽게 묵상할 수 있도록 구성되어 있습니다. 많은 분들이 구약의 어려운 본문인 레위기, 욥기, 예레미야, 에스겔서나 신약의 요한계시록 같은 책을 대할 때는 묵상을 시작하기도 전에 포기하곤 합니다. E100과 함께하는 '매일성경 첫걸음'은 이런 어려운 점을 보완하기 위해 창조, 타락, 출애굽, 사사와 왕정시대, 예언, 복음, 종말에 이르기까지 성경의 큰 줄거리를 따라가면서 성경을 쉽게 묵상할 수 있도록 구성되었습니다.

'매일성경 첫걸음'은 본문이 쉽고 또한 구원의 이야기로 연결되어 있어서, 성경묵상을 시작하는 누구라도 쉽게 성경의 맥을 붙잡을 수 있을 것입니다. 그래서 지역교회에서 성경묵상을 전 교회적으로 도입하려고 할 때나 묵상 나눔 소그룹을 새롭게 조직하려고 할 때, '매일성경 첫걸음'은 좋은 묵상의 도구 겸 훈련교재가 될 것입니다. 또한 개인적으로 성경묵상을 처음 시작하려고 하는 분들에게도 친절한 동반자가 될 것입니다.

따라서 구약 편이나 신약 편 중 어느 것을 먼저 시작해도 좋습니다. 시간의 제약이 있다면 우선 한 권만 끝내도 좋습니다. 그러나 신·구약 편 모두를 연속적으로 묵상한다면 성경읽기와 묵상훈련의 효과는 더욱 커질 것입니다. 신·구약이 각각 50개의 본문으로 되어 있기 때문에, 교회에서는 이 교재로 '성경묵상 첫걸음 50일' 또는 '100일 프로젝트'를 실시해도 좋을 것입니다.

시작이 반이라는 우리 속담처럼, 첫걸음을 떼어야 점차 성경묵상의 대로가 열리게 됩니다. '매일성경 첫걸음'은 말씀 묵상 목회의 첫걸음을 시작하려는 교회들과 성도들이 처음부터 너무 무거운 짐을 지지 않고 묵상의 여정을 시작하도록 돕는 길동무가 될 것입니다. 부디 이 교재를 첫걸음으로, 주님의 몸된 교회와 성도들이 성경묵상을 통한 은혜의 깊은 바다로 마음껏 헤엄쳐 나아가시기를 바랍니다. 복된 첫걸음에 성령의 기름 부음이 가득하기를 기원합니다.

한국성서유니온선교회
대표 도문갑 드림

매일성경 첫걸음으로 하는 Quiet Time

먼저, 조용한 시간과 장소를 준비하십시오 이른 아침 또는 늦은 저녁!

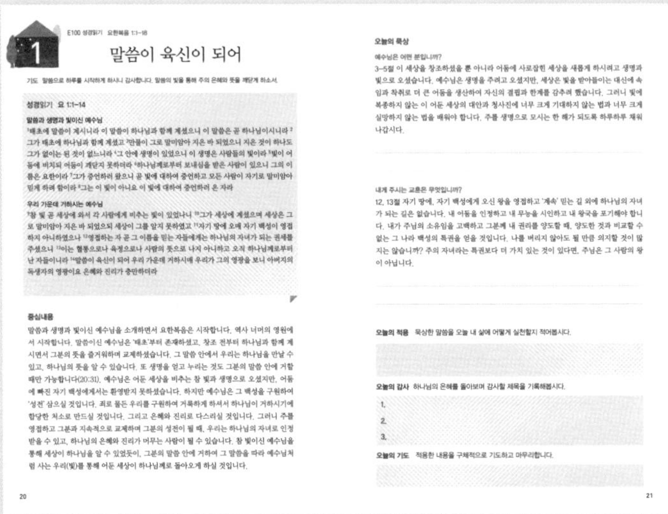

E100 성경읽기 요한복음 1:1–18

1 말씀이 육신이 되어

기도 말씀으로 하루를 시작하게 하시니 감사합니다. 말씀의 빛을 통해 주의 은혜와 뜻을 깨닫게 하소서.

성경읽기 요 1:1–14

말씀과 생명과 빛이신 예수님
1태초에 말씀이 계시니라 이 말씀이 하나님과 함께 계셨으니 이 말씀은 곧 하나님이시니라 2
그가 태초에 하나님과 함께 계셨고 3만물이 그로 말미암아 지은 바 되었으니 지은 것이 하나도
그가 없이는 된 것이 없느니라 4그 안에 생명이 있었으니 이 생명은 사람들의 빛이라 5빛이 어
둠에 비치되 어둠이 깨닫지 못하더라 6하나님께로부터 보내심을 받은 사람이 있으니 그의 이
름은 요한이라 7그가 증언하러 왔으니 곧 빛에 대하여 증언하고 모든 사람이 자기로 말미암아
믿게 하려 함이라 8그는 이 빛이 아니요 이 빛에 대하여 증언하러 온 자라

우리 가운데 거하시는 예수님
9참 빛 곧 세상에 와서 각 사람에게 비추는 빛이 있었나니 10그가 세상에 계셨으며 세상은 그
로 말미암아 지은 바 되었으되 세상이 그를 알지 못하였고 11자기 땅에 오매 자기 백성이 영접
하지 아니하였으나 12영접하는 자 곧 그 이름을 믿는 자들에게는 하나님의 자녀가 되는 권세를
주셨으니 13이는 혈통으로나 육정으로나 사람의 뜻으로 나지 아니하고 오직 하나님께로부터
난 자들이니라 14말씀이 육신이 되어 우리 가운데 거하시매 우리가 그의 영광을 보니 아버지의
독생자의 영광이요 은혜와 진리가 충만하더라

중심내용
말씀과 생명과 빛이신 예수님을 소개하면서 요한복음은 시작합니다. 역사 너머의 영원에서 시작합니다. 말씀이신 예수님은 '태초'부터 존재하셨고, 창조 전부터 하나님과 함께 계시면서 그분의 뜻을 즐거워하며 교제하셨습니다. 그 말씀 안에서 우리는 하나님을 만날 수 있고, 하나님의 뜻을 알 수 있습니다. 또 생명을 얻고 누리는 것도 그분의 말씀 안에 거할 때만 가능합니다(20:31). 예수님은 어둔 세상을 비추는 참 빛과 생명으로 오셨지만, 어둠에 빠진 자기 백성에게서는 환영받지 못하셨습니다. 하지만 예수님은 그 백성을 구원하여 '성전' 삼으실 것입니다. 죄로 물든 우리를 구원하여 거룩하게 하셔서 하나님이 거하시기에 합당한 처소로 만드실 것입니다. 그리고 은혜와 진리로 다스리실 것입니다. 그러니 주를 영접하고 그분과 지속적으로 교제하며 그분의 성전이 될 때, 우리는 하나님의 자녀로 인정받을 수 있고, 하나님의 은혜와 진리가 머무는 사람이 될 수 있습니다. 참 빛이신 예수님을 통해 세상이 하나님을 알 수 있었듯이, 그분의 말씀 안에 거하여 그 말씀을 따라 예수님처럼 사는 우리(빛)를 통해 어둔 세상이 하나님께로 돌아오게 하실 것입니다.

20

오늘의 묵상

예수님은 어떤 분입니까?
3–5절 이 세상을 창조하셨을 뿐 아니라 어둠에 사로잡힌 세상을 새롭게 하시려고 생명과 빛으로 오셨습니다. 예수님은 생명을 주려고 오셨지만, 세상은 빛을 받아들이는 대신에 속임과 착취로 더 큰 어둠을 생산하여 자신의 결핍과 한계를 감추려 했습니다. 그러니 빛에 복종하지 않는 이 어둔 세상의 대안과 청사진에 너무 크게 기대하지 않는 법과 너무 크게 실망하지 않는 법을 배워야 합니다. 주를 생명으로 모시는 한 해가 되도록 하루하루 채워 나갑시다.

내게 주시는 교훈은 무엇입니까?
12, 13절 자기 땅에, 자기 백성에게 오신 왕을 영접하고 '계속' 믿는 길 외에 하나님의 자녀가 되는 길은 없습니다. 내 어둠을 인정하고 내 무능을 시인하고 내 왕국을 포기해야 합니다. 내가 주님의 소유임을 고백하고 그분께 내 권리를 양도할 때, 양도한 것과 비교할 수 없는 그 나라 백성의 특권을 얻을 것입니다. 나를 버리지 않아도 될 만큼 의지할 것이 많지는 않습니까? 주의 자녀라는 특권보다 더 가치 있는 것이 있다면, 주님은 그 사람의 왕이 아닙니다.

오늘의 적용 묵상한 말씀을 오늘 내 삶에 어떻게 실천할지 적어봅시다.

오늘의 감사 하나님의 은혜를 돌아보며 감사할 제목을 기록해봅시다.

1.
2.
3.

오늘의 기도 적용한 내용을 구체적으로 기도하고 마무리합니다.

21

❶ 기도

성경을 묵상하기 전에 ①성령을 통해 말씀을 바르게 이해 할 수 있도록(시 119:18), ②깨달은 말씀을 통해 하나님을 깊이 체험할 수 있도록, ③체험한 말씀을 세상에서 능력 있게 실천할 수 있도록 간구합니다.

❷ 성경읽기

성경을 읽을 때는 스스로 직접 읽으며, 습관적으로 읽지 말고 잘 아는 구절도 처음 보는 것처럼 깊이 읽어야 합니다 세 번 이상을 정독하되, 처음에는 큰 소리로, 두 번째는 눈으로, 세 번째는 마음으로 읽습니다.

Tip **노트에 기록하십시오.**
1) 묵상일지를 기록하면, 개인적으로 도움이 많이 됩니다. 2) 적용에 대해 종일 점검하고 묵상할 수 있습니다. 3) 묵상 나눔을 할 때 도움이 됩니다. 4) 뛰어난 기억력보다 흐릿한 잉크가 정확합니다.

❸ 중심내용

성경을 읽고, 본문의 내용이 무엇인지, 사건의 흐름이 어떻게 전개되는지, 하나님께서 하신 말씀이 무엇이며, 사람들은 어떻게 반응하는지, 본문에 나타난 핵심 메시지가 무엇인지를 생각하며 두세 문장으로 요약하여 노트에 기록해봅니다 성경묵상을 처음 하시는 분들은 '매일성경 첫걸음'에 기록된 중심내용을 소리를 내어 두세 번 정도 읽어도 좋습니다

성경묵상 Quiet Time

말씀과 기도를 통해 하나님을 매일 인격적으로 만나는 '경건의 시간'(Quiet Time)입니다.
'경건의 시간'을 통해 하나님의 뜻을 알게 되고, 그 뜻에 따라 삶의 질서를 세우며,
세상에서 빛된 삶을 살아갈 수 있습니다.
'매일성경 첫걸음'과 함께 주님을 만나는 거룩한 시간이 성령의 임재를 통해 생동감 넘치길 기원합니다.

❹ 오늘의 묵상

1) 하나님은 어떤 분인가?

하나님, 예수님, 성령님이 어떤 분인지를 본문 속에서 관찰하며, 그 하나님과 나는 어떤 관계를 맺고 있는지를 묵상합니다.

· 하나님이 하신 일, 사역
· 하나님 자신의 성품 또는 표현
· 저자들의 고백을 통해 드러난 하나님의 모습

2) 내게 주시는 교훈은 무엇인가?

말씀을 통해 하나님의 뜻을 깨닫고, 그 뜻이 내 삶에서 어떻게 구체적으로 성취되어야 할지 깊이 묵상합니다.

순종해야 할 명령(경고), 본받을 점(등장인물의 모범), 피해야 할 죄(등장인물의 실수), 버려야 할 죄, 붙잡아야 할 약속, 드려야 할 기도, 고쳐야 할 생각 등을 묵상하십시오.

❺ 오늘의 적용

1) '하나님이 어떤 분이신지'에 대한 적용

말씀을 통해 체험하게 된 하나님 앞에 나는 어떤 존재인지를 생각해봅니다 그 하나님께 반응(감사, 찬양, 기도, 순종…)하는 것이 적용입니다 단, 내가 하나님의 위치에 서서 적용하지 않도록 주의해야 합니다 말씀을 통해 하나님을 묵상했다면 1) 감사와 찬양 2) 믿음과 신뢰 3) 고백 4) 결단과 헌신을 통해 믿음의 반응을 보여야 합니다.

2) '내게 주시는 교훈'에 대한 적용

성경을 통해 드러난 하나님의 뜻이 내 삶에서 어떻게 실현되어야 할지를 생각합니다.
1) 말씀으로 바꿔야 할 나의 '의식'(생각/사상)이 무엇인지 묵상합니다 2) 오늘 나의 삶에서 구체적으로 실천해야 할 것이 무엇인지 묵상합니다 3) 구체적으로 실천하기 위해 언제, 무엇을, 어떻게 할 수 있을지를 계획합니다 4) 적용의 영역을 나, 가정, 교회, 이웃, 국가, 세계 등으로 확장합니다

❻ 오늘의 기도

묵상한 말씀을 붙들고 하나님께 감사와 찬양의 기도를 드리며, 삶 속에서 잘 적용할 수 있도록 기도합니다.

❼ 오늘의 감사

오늘 하루 동안 하나님이 나에게 베푸신 은혜와 감사를 기록합니다 '오늘의 감사'는 저녁에 하나님의 은혜를 돌아보며 하는 것이 좋습니다.

'E100 성경읽기'란?

1 'E100 성경읽기'가 나오게 된 배경

믿음의 유무와 관계없이 세상의 많은 사람들이 성경을 사랑합니다. 하지만 상당수의 사람들은 그 성경을 읽지 않습니다. 성경이 어렵고, 실제로 읽어야 할 분량도 결코 적지 않기 때문입니다. 그래서 한글의 문맹률은 0%에 가깝지만 성경 문맹률은 급속도로 높아가고 있습니다. 특히 어린이와 청소년들은 성경에 친숙하지 않습니다. 'E100 성경읽기'는 믿음의 성도들이 성경을 쉽고 재미있게 읽을 수 있도록 하기 위해 탄생되었습니다.

2 'E100 성경읽기'의 구성

'E100 성경읽기'는 구약에서 50개, 신약에서 50개를 뽑아 100개의 본문으로 구성되었고, 다섯 개씩 하나로 묶어 모두 20개 주제로 분류되었습니다. 20개의 주제는 하나님의 구원계획이 어떻게 이루어지는지를 잘 보여줍니다. 먼저 구약의 열 개 주제는 하나님의 창조 이야기로부터 시작해서 한 민족을 선택하시고 그 민족과 관계를 이루어가시는 이야기를 보여줍니다. 신약의 열 개 주제는 하나님과의 관계회복을 위한 예수 그리스도의 구원 이야기와 그분을 믿는 사람들의 이야기로 구성됩니다.

3 'E100 성경읽기'의 특징

'E100 성경읽기'는 신구약 성경 전체 분량의 약 17% 정도입니다. 하지만 17% 정도의 성경을 읽고도 성경 전체의 큰 그림을 볼 수 있도록 구성되어 있는 것이 큰 특징입니다. 신앙의 수준, 연령에 관계없이 누구나 쉽게 성경읽기를 시도할 수 있습니다. 'E100 성경읽기'는 개인적으로 하기보다는 공동체 속에서 함께 할 때 더 효과가 큽니다. 'E100 성경읽기'는 매일, 성경을 읽는 좋은 습관을 만들 수 있도록 돕습니다. 개인, 교회 소그룹, 가족 등 다양한 모임에서 함께 성경을 읽도록 도움을 줍니다.

4 '신약 E100 성경읽기'의 내용

주제 1: 살아 있는 말씀

1. 말씀이 육신이 되어(요 1:1–18)

태초에 하나님이 천지를 창조하실 때, 말씀이신 예수님도 성부 하나님과 함께 계셨습니다. 말씀이신 예수님은 죽음의 그림자가 어둡게 드리워진 이 땅에 생명의 빛을 비추기 위해 육체로 오셨고, 그 예수님을 마음에 영접하면 누구나 하나님의 자녀가 될 수 있게 하셨습니다. 오직 예수님을 통해 하나님께 나아가는 길이 다시 열렸기 때문입니다. 그래서 어느 누구도 하나님을 본 사람이 없지만 그리스도를 통해 하나님을 만날 수 있습니다.

2. 가브리엘의 메시지(눅 1:1–80)

소망을 잃은 백성에게 생명의 소식이 전달됩니다. 그런데 놀랍게도 그 소식을 전달받은 이들은 너무 나이가 많아 이미 생명에 대한 소망을 포기했던 사가랴 · 엘리사벳 노부부였으며, 생명을 잉태하는 것 자체가 논리적으로 불가능했던 동정녀 마리아였습니다. 그러나 이 모든 일이 구원의 역사를 이루시는 하나님의 능력으로 성취되었습니다. 이를 지켜본 엘리사벳과 마리아와 사가랴는 성령에 충만하여, 하나님의 은혜와 능력을 찬양합니다.

3. 예수님의 탄생(눅 2:1–40)

하나님 나라 언약에 따라, 다윗의 동네에 그리스도가 탄생했습니다. 그는 하늘에 영광을 드러내고 이 땅에 참 평화를 이루실 왕입니다. 이 기쁜 구원의 소식이, 들에서 양을 치는 목자로부터 예루살렘 성전에서 평생 하나님의 구원을 기다려온 선지자에게까지 전달됩니다. 성령 충만한 시므온과 안나의 예언처럼, 예수님은 이스라엘뿐 아니라 이방인에게도 생명의 빛이 되십니다.

4. 세례 요한(눅 3:1–20)

하나님의 말씀이 왕궁에 거하는 높은 자들에게 임하지 않고, 빈 들에 사는 세례 요한에게 임했습니다. 그는 자신의 야망을 추구하지 않고 주님의 길을 평탄케 하는 데 삶의 목적을 두었습니다. 또한 자신의 말을 하지 않고 하나님이 주신 말씀을 전하는 '광야의 소리'가 되었습니다. 그러다 헤롯의 미움을 사 감옥에 갇히고 말지만, 그는 마지막까지 자신의 몸을 드려 그리스도의 새 시대를 열고자 했습니다.

5. 세례와 시험(마 3:13–4:17)

흠 없으신 예수님이 죄 사함의 세례를 받으신 이유는, 앞으로 임할 십자가의 죽음과 부활이 모든 믿는 자들에게 영생의 길임을 미리 보여주기 위함입니다. 세례를 받은 예수님은 성령에 이끌려 광야에 들어가 40일을 머물며 시험을 받습니다. 이는 불순종으로 광야에서 40년을 방황한 이스라엘 백성과는 달리, 순종으로 사탄의 시험을 이기고 새 출애굽의 시대를 여는 것을 직접 보여주시기 위함입니다. 시험을 이기신 예수님은 세상에 천국 복음을 전하십니다.

주제 2: 예수님의 가르침

6. 산상설교 1(마 5:1–6:4)

모세가 시내산에서 받은 율법을 이스라엘 백성에게 전했듯이, 예수님은 새 출애굽을 이루시는 그리스도답게 산 위에서 천국 복음을 선포하십니다. 그 말씀은 오직 마음이 겸손하고 청결한 자만 받을 수 있습니다. 예수님은 구약 율법을 무시하고 새로운 것을 말하려는 것이 아니라, 율법의 정신인 사랑을 온전히 성취하려 하셨습니다. 그것은 더 이상 수동적이고 가식적으로 사랑하는 것이 아니라, 능동적이고 진실한 마음으로 사랑하는 것입니다.

7. 산상설교 2(마 6:5–7:29)

신앙생활에서 기도만큼 왜곡된 것이 없기에 주님이 직접 기도를 가르쳐주십니다. 남에게 보이기 위해 하는 기도는 바른 기도가 아닙니다. 기도는 하나님 나라를 구하고, 매일 거룩해지도록 철저히 주님께 의탁하는 과정입니다. 그러므로 염려할 시간이 있다면 기도해야 합니다. 어떤 사람이 제자인지 아닌지는 궁극적으로 그 사람의 열매를 보면 알 수 있습니다. 힘들어도 좁은 길을 걸으며, 말씀을 듣고 순종하는 사람만이 예수님의 참 제자입니다.

8. 천국(마 13:1–58)

천국은 마치 작은 겨자씨 하나와 같지만 다 자란 후에는 새들이 와서 깃들 정도로 크게 성장합니다. 아브라함을 통해 약속하신 언약의 씨인 한 사람, '예수님'을 통해 시작된 하나님 나라복음이 전 세계에 전해졌습니다. 문제는 하나님 나라 복음에 대한 태도입니다. 좋은 밭에 떨어진 씨처럼 주님의 말씀을 겸손히 듣고 순종하는 자에게 천국이 약속됩니다. 마치 밭에 감추인 보배를 발견한 농부처럼 그 보배를 소유하기 위해 결단을 내리는 믿음이 필요합니다.

9. 선한 사마리아인(눅 10:25–37)

한 율법 교사가 예수님께 자기의 의를 자랑하기 위해 "내가 무엇을 해야 영생을 얻을 수 있습니까?"라고 묻습니다. 그러자 예수님은 하나님 사랑과 이웃 사랑을 말씀하시며 선한 사마리아인 비유를 통해 "누가 강도 만난 자의 이웃이 되겠느냐?"고 반문하십니다. 제사장이나 레위인은 관습과 두려움 때문에 강도 만난 자를 돌보지 않지만, 사마리아인은 강도 만난 자를 치유해줍니다. 예수님은 이 비유를 통해 착각과 외식에 빠진 율법 교사에게 구원에 이르는 진정한 믿음이 무엇인지를 교훈하십니다.

10. 잃었다가 다시 찾음(눅 15:1–32)

세 가지의 비유가 나옵니다. 첫째는 백 마리 양 중에서 잃어버린 한 마리 양, 둘째는 열개의 동전 중에서 잃어버린 하나의 동전, 셋째는 두 아들 중에서 잃어버린 한 명의 아들입니다. 비유에 사용되는 소재는 약간 다르지만 '잃어버렸다가 다시 찾았다'는 주제는 똑같습니다. 그리고 백 중 하나, 열 중 하나, 둘 중 하나로 그 숫자를 좁힘으로 잃어버렸다가 다시 찾은 존재가 '하나밖에 없는 굉장히 가치 있는 존재'라는 것을 말합니다. 예수님은 잃어버린 영혼 하나를 구하기 위해 십자가를 지시기까지 순종하셨습니다.

주제 3: 예수님이 행하신 기적

11. 오천 명을 먹이심(눅 9:1-36)

열두 제자에게 여행을 위해 양식을 준비하지 말라고 말씀하신 예수님이 오병이어로 오천 명을 먹이십니다. 예수님이 바로 하늘 양식을 공급하는 하나님임을 보인 사건입니다. 베드로는 이런 예수님을 보며, '하나님의 그리스도'라고 신앙을 고백합니다. 예수님은 베드로의 신앙고백을 기쁘게 받으시지만, 십자가의 길을 거부하는 그의 자기중심적인 열정은 받지 않습니다. 산 위에서 부활의 영광을 미리 보이신 예수님은, '제자의 삶이란 고난을 통과한 영광'임을 가르치십니다.

12. 물 위를 걸으심(마 14:22-36)

새벽 3-6시경, 제자들이 풍랑으로 힘들어할 때 예수님이 바다 위로 걸어오셔서 "내니 두려워 말라"고 하십니다. 이에 베드로는 자신도 바다를 걷게 해달라고 청합니다. 말씀대로 베드로는 바다 위를 잘 걷다가, 풍랑을 바라보는 순간 두려움 때문에 물에 빠져 가라앉았지만 예수님이 손을 내밀어 베드로를 구원하십니다. 오병이어 기적을 보고도 여전히 믿음이 약한 제자들을 향해 예수님은 자신이 하나님의 아들이심을 증명하십니다.

13. 맹인을 고치심(요 9:1-41)

날 때부터 맹인 된 것이 누구의 죄 때문인지 논쟁이 일어나자, 예수님은 이 일이 누구의 죄 때문이 아니라 하나님의 구원을 이루기 위한 일이라고 하십니다. 예수님은 하나님의 능력으로 안식일에 맹인을 고치셨지만 바리새인들은 이 사실을 애써 믿으려 하지 않았습니다. 맹인은 믿음으로 새로운 세상을 보았지만, 바리새인들은 불신으로 영적인 흑암에 떨어졌습니다. 예수님은 이 땅에 참 안식을 가져다주는 구원주이면서 동시에 엄위한 심판주이십니다.

14. 귀신 들린 자를 고치심(막 5:1-20)

더러운 귀신 들린 거라사 광인이 예수님을 만나자마자 "당신은 하나님의 아들이니 우리를 괴롭게 하지 말라"고 합니다. 물론 이것은 그 사람을 제어하고 있는 군대 귀신이 하는 말입니다. 분명한 사실은 귀신조차 예수님이 어떤 분인지를 알고 두려워하고 있다는 사실입니다. 예수님은 그 거라사 광인을 사단으로부터 해방시켜 참 자유를 주셨는데, 이를 지켜본 마을 사람들은 당장 눈앞의 이익 때문에 예수님을 영접하지 않습니다.

15. 죽은 나사로를 살리심(요 11:1-57)

예수님이 맹인의 눈을 뜨게 하고 귀신 들린 자를 온전케 했어도 바리새인들은 그 사실을 믿지 않았습니다. 그래서 이번에는 죽은 지 나흘이나 된 나사로를 다시 살리십니다. 예수님은 이 사건을 통해 자신이 하나님의 아들이라는 사실을 드러내고, 이것을 믿는 자에게는 더 이상 죽음이 왕 노릇 하지 못할 것임을 선포하십니다. 부활이요 생명이신 예수님이 영원한 생명을 주실 것이기 때문입니다. 하지만 끝까지 불신의 길을 걷는 자에게는 영원한 죽음만이 기다릴 뿐입니다.

주제 4: 그리스도의 십자가

16. 최후의 만찬(눅 22:1-46)

가룟 유다는 예수님을 팔 궁리를 하지만 예수님은 의연하게 유월절 만찬을 준비하십니다. 포도주 잔을 돌리며 '새 언약의 피'라 하시고, 떡을 돌리며 '나의 몸'이라 말씀하십니다. 십자가 사건이 유월절 어린양이신 예수님의 몸으로 드리는 속죄제사가 될 것을 미리 말씀하신 것입니다. 만찬을 마치고 예수님은 감람산에서 고통스럽게 기도하시지만 제자들은 졸음을 이겨내지 못합니다. 예수님의 십자가의 길은 그 누구도 함께할 수 없는 고독한 길이었습니다.

17. 체포와 재판(요 18:1-40)

예수님은 하나님의 뜻에 순복하며 마치 승리자처럼 당당하게 십자가의 길을 걸어가셨습니다. 예수님을 잡은 종교 지도자들은 새벽에 불법 재판을 열고, 말도 안 되는 죄목을 걸어 빌라도에게 예수님을 넘깁니다. 빌라도가 예수님을 심문하여보지만 그 어떤 죄도 찾을 수 없었습니다. 이 무시무시한 공포의 순간에 베드로는 예언대로 세 번이나 예수님을 모른다고 부인합니다. 이에 반해 예수님은 당당하고 의연하게 자기에게 맡겨진 십자가의 길을 향해 나아갑니다.

18. 십자가 죽음(요 19:1-42)

빌라도는 예수님이 죄가 없다는 것을 잘 알고 있었지만 유다 백성의 협박에 못 이겨 예수님을 십자가에 내어줍니다. 예수님은 이 일이 하나님이 허락하셨기 때문에 가능한 것이라고 말씀하십니다. 즉 예수님은 정치권력에 희생된 것이 아니라 하나님의 구원 계획에 의해 속죄 제물이 되신 것입니다. 예수님은 "다 이루었다"고 선언하시고 돌아가십니다. 이것은 예수님이 하나님 나라 회복을 위해 십자가 위에서 공의와 사랑을 온전히 이루셨음을 선언하신 것입니다.

19. 부활(요 20:1-21:25)

예수님의 부활은 이미 예언된 것이지만 정작 부활 사건이 일어나자 제자들은 그 사실을 믿지 못했습니다. 예수님은 의심 많은 도마에게 직접 보이시고, 약속대로 갈릴리에 가셔서 제자들을 다시 만나십니다. 예수님을 떠나버린 자들을 다시 제자로 부르시기 위해서입니다. 예수님을 세 번이나 부인한 베드로 역시 예수님을 사랑한다는 고백을 세 번이나 다시 함으로써 제자로 회복됩니다. 예수님은 승천하기 전까지 제자를 바로 세우는 데 대부분의 시간을 보내셨습니다.

20. 승천(행 1:1-11)

예수님은 공생애 시작부터 승천하시기 직전까지 하나님 나라 복음을 전하셨습니다. 언약대로 이 땅에 오셨고 십자가와 부활을 통해 하나님 나라가 이 땅에 임하게 하셨습니다. 이제 남은 일은 제자들이 그 복음을 땅 끝까지 전하는 것입니다. 이 일은 사람의 힘이 아닌 성령의 능력으로 감당할 수 있습니다. 그러므로 예수님의 승천은 제자들에게 신앙의 종착점이 아니라 현재의 고난을 극복하게 만드는 사명의 출발점입니다.

주제 5: 교회의 탄생

21. 오순절(행 2:1-2:47)

예수님의 말씀에 따라 제자들은 예루살렘을 떠나지 않고 함께 모여 기도했고 오순절에 성령이 각 사람에게 임하였습니다. 성령을 받은 제자들은 각 나라 방언으로 복음을 전했습니다. 베드로는 설교를 통해, 요엘의 예언대로 지금 성령이 임하였으며 예수님이 죽음에서 부활하여 그리스도가 되었다고 선언합니다. 이 설교를 들은 수천 명이 회개하고 세례를 받아 공동체를 이뤘습니다. 이처럼 초대교회는 사람의 인위적인 노력이 아닌 성령의 능력으로 세워졌습니다.

22. 성장과 박해(행 3:1-4:37)

베드로와 요한이 성전 미문에서 구걸하는 자의 장애를 고침으로써 복음이 예루살렘에 더욱 편만해졌습니다. 베드로는 이 일이 자신의 능력이 아닌 그리스도 예수의 이름으로 된 것임을 증언합니다. 이와 더불어, 오직 예수님을 통해서만 구원이 있음을 선포합니다. 유대 지도자들은 이 일을 못하도록 사도들을 협박하였지만 사도들은 그럴수록 더욱 성령 충만하여 복음을 담대히 전합니다. 성령 안에 모인 공동체는 빈부귀천을 떠나 복음 안에서 하나가 되었습니다.

23. 최초의 순교자(행 6:8-8:8)

초대교회 일곱 집사 중 하나인 스데반이 하나님의 은혜로 표적과 기사를 일으키며 복음을 전하자, 일부 유대인들이 선동하여 그를 죽이려 했습니다. 하지만 스데반은 이런 상황에서도 요동하지 않고, "유대인들이 신봉하는 성전은 건물이 아니라 바로 예수님이다"라는 메시지를 구약 성경을 통해 논증합니다. 그리고 그 예수를 "바로 너희가 죽였다"라고 말하면서 회개를 촉구합니다. 이 일로 스데반은 돌에 맞아 죽지만 복음은 땅 끝을 향해 더욱더 퍼져 나갑니다.

24. 말씀을 전함(행 8:26-40)

복음을 전하고 그것을 받아들이는 일은, 배후에서 보이지 않는 성령의 역사가 없다면 불가능합니다. 하나님을 경외하는 에티오피아 내시가 예루살렘에서 예배를 마치고 귀향하면서 이사야서의 "그가 도살자에게 가는 양과 같다"라는 부분을 읽고 있었습니다. 그때 마침 성령의 인도를 받은 빌립을 만나 그 말씀이 그리스도를 통해 성취됨을 듣고, 비록 이방인의 신분이지만 세례를 받아 그리스도인이 됩니다. 복음이 유대의 한계를 뛰어넘어 이방인에게로 확장되는 순간입니다.

25. 모두를 위한 좋은 소식(행 10:1-11:18)

예수님은 제자들에게 복음을 땅 끝까지 전하라고 했지만 사도들은 여전히 복음을 이방인에게 전하는 것을 주저했습니다. 바로 그때 성령께서 로마 백부장 고넬료에게 임하여 베드로를 부르게 합니다. 이와 동시에 베드로도 하늘로부터 내려온 보자기 환상을 보고 고넬료에게 다가가 복음을 전합니다. 그 결과 놀랍게도 고넬료 가정이 복음을 듣고 성령을 받게 됩니다. 베드로는 이 사건을 계기로 이방인도 복음을 들을 수 있음을 공식적으로 선언합니다.

주제 6: 바울의 전도 여행

26. 다메섹으로 가는 길(행 9:1-31)

사울(바울)은 스데반 집사가 순교당할 때, 돌 던지는 사람들의 옷을 지킬 정도로 율법에 대해 열정이 넘치는 유대 청년이었습니다. 하나님을 사랑하는 열정은 좋지만 그 열정이 잘못된 방향으로 나아갈 때는 많은 사람들에게 피해를 줍니다. 바울은 그릇된 열정으로 예수 믿는 자들을 잡아 죽이려 했습니다. 하지만 다메섹 도상에서 부활하신 예수님을 만난 이후로, 이방인을 위한 사도로 거듭나게 됩니다. 이 극적인 변화를 이끄신 분이 바로 성령님이십니다.

27. 1차 전도여행(행 13:1-14:28)

안디옥 교회의 파송을 받은 바울과 바나바는 살라미, 바보, 버가, 비시디아 안디옥, 이고니온, 루스드라, 더베까지 이르러 복음을 전했습니다. 바울은 구약 성경 전체를 통해 예수가 그리스도라는 사실을 증거하였습니다. 이것이 유대인에게 걸림돌이 되자, 일부 유대인은 바울을 죽이려고까지 했습니다. 하지만 이런 방해가 복음을 전하는 일을 멈추게 할 수는 없었습니다. 왜냐하면 부활의 주님을 만난 바울은 이방인 전도에 대한 소명과 사명이 확실했기 때문입니다.

28. 예루살렘 공의회(행 15:1-41)

기독교가 완전히 정착되기 전에, 유대주의 기독교인들은 율법의 틀로 복음을 왜곡하려 했습니다. 예수도 믿어야 하지만 할례도 받아야 구원받을 수 있다는 것입니다. 이 문제를 해결하기 위해 바울과 바나바는 예루살렘 총회에 참여합니다. 이 자리에서 베드로와 야고보는 지도자답게 이방인에게 할례를 강요하는 것은 복음의 정신을 훼손하는 것이라고 말합니다. 이와 같이 공동체 의결까지도 성령께서 인도하셨고 이런 과정을 거치면서 기독교가 바로 세워질 수 있었습니다.

29. 추가적인 선교 여행들(행 16:1–20:38)

2차 선교 여행 때도 바울은 1차에 방문했던 아시아 지방에서 복음을 전하려 했습니다. 하지만 성령께서는 아시아 지방에서 복음 전하는 것을 잠시 멈추게 하시고 마게도냐 지방으로 인도하셨습니다. 이때 빌립보, 베뢰아, 아가야 지방의 고린도, 아덴 지역이 새롭게 개척되었습니다. 3차 선교 여행 때도 역시 2차 선교 여행 때 복음을 전했던 지방을 돌며 복음을 전했습니다. 바울은 여러 지역에서 어려움을 겪었지만, 가는 곳마다 교회를 세우고 교회를 성령께 의탁했습니다.

30. 로마로 가는 길(행 25:1–28:31)

바울이 3차 선교 여행 당시 에베소에서 "로마도 보아야 하리라"라는 말을 했습니다. 하지만 바울이 로마로 가는 길은 그리 평탄하지 못했습니다. 바울이 3차 선교 여행을 마치고 예루살렘에 돌아왔을 때, 유대인들이 바울을 죽이려 했기 때문입니다. 로마 시민권을 가진 바울이 로마 황제 가이사에게 재판받고 싶다고 하자, 비록 피의자 신분이었지만 로마군의 보호를 받으며 결국 로마에 입성합니다. 하나님은 참으로 기묘한 방식으로 복음의 역사를 이루어가십니다.

주제 7: 바울이 교회들에게

31. 넉넉히 이기느니라(롬 8:1–39)

그리스도 안에 있으면 결코 정죄함이 없습니다. 왜냐하면 생명의 성령의 법이 죄와 사망의 법에서 우리를 해방하였기 때문입니다. 성령께서 늘 우리의 연약함을 도우시고 마땅히 우리가 기도할 수 없을 때조차도 우리의 마음을 하나님께 아뢸 것입니다. 그 어떤 죽음과 죄의 굴레도 우리를 그리스도의 사랑에서 끊을 수 없습니다. 그러므로 현재 잠깐의 고난을 영원한 것으로 여겨서는 안 됩니다. 하나님께서 택한 자를 영원히 지키실 것이기 때문입니다.

32. 성령의 열매(갈 5:16–6:10)

육체의 소욕은 우상숭배와 주술과 원수 맺는 것과 다투는 것이며, 서로 분열하고, 이단에 미혹되고, 술 취하고, 방탕함에 빠지는 것입니다. 이런 것으로부터 자신을 지킬 수 있는 오직 한 가지 방법은 성령을 따라 사는 것입니다. 성령의 열매는 사랑과 희락과 화평과 오래 참음과 자비와 양선과 충성과 온유와 절제입니다. 그리스도인은 십자가에 정욕과 탐심을 못 박고 성령으로 거듭나서 서로 짐을 나눠 지며 선을 행하여 영생의 열매를 맺고 사는 사람입니다.

33. 하나님의 전신갑주(엡 6:10-20)

영적인 전투는 내 힘으로 하는 것이 아니라 하나님의 능력으로 하는 것입니다. 그러므로 사단의 세력과 어둠의 권세들과 악한 영을 상대하려면 하나님의 전신 갑주를 입어야 합니다. 진리와 의, 평안의 복음과 믿음, 성령과 하나님의 말씀으로 온전히 무장해야 합니다. 그리고 그 후에 해야 할 일은 기도입니다. 성령 안에서, 자신을 위한 기도뿐 아니라 공동체와 동역자를 위한 기도를 통해 영적인 연대를 이룰 때, 우리는 사단의 견고한 진을 깨뜨릴 수 있습니다.

34. 주 안에서 기뻐하라(빌 4:2-9)

성도가 공동체 생활을 하기 위해 다음 몇 가지 사항을 유의해야 합니다. 첫째, 주 안에서 한 마음을 품어야 합니다. 이는 공동체 안에서 진정한 용서와 화해를 실현하는 것입니다. 둘째, 주 안에서 기뻐해야 합니다. 이는 그리스도 재림 때까지 하나님 은혜 안에 사는 것입니다. 셋째, 아무것도 염려하지 말고 주께 맡기며 기도해야 합니다. 기도는 믿음을 표현하는 최상의 방법입니다. 넷째, 참되고 사랑할 만한 것을 붙들어야 합니다. 즉 복음에 온전히 붙들려 사는 것입니다.

35. 더없이 존귀하신 그리스도(골 1:1-23)

영지주의 이단에 의해 어려움을 당하는 골로새 교회를 향해 바울은 그들이 어떻게 복음을 받았고 또 어떤 신분으로 거듭나게 되었는지를 말합니다. 골로새 성도들은 비록 이방인이었지만 하나님의 은혜로 복음을 받게 되었고 흑암의 권세에서 건짐을 받아 하나님의 나라로 옮겨졌습니다. 이 일을 행하신 그리스도 예수는 하나님의 형상이시며, 만물보다 먼저 계셔서 창조 사역을 함께 하셨고, 죽음으로 하나님과 인간을 화목하게 하신 분입니다.

주제 8: 바울이 지도자들에게

36. 장로들과 집사들(딤전 3:1-16)

감독과 집사는 교회를 섬기는 지도자를 의미합니다. 바울은 어느 도시를 가든 교회를 세우고 교회를 이끌어갈 지도자를 세웠습니다. 그리고 그들을 성령께 의탁하였습니다. 이런 차원에서 어떤 지도자가 세워지느냐는 그 교회의 사활이 걸린 문제입니다. 교회 지도자는 한 아내의 남편이어야 하며, 가정을 잘 다스릴 줄 알고, 술과 돈에 빠져서는 안 되며, 사회에서도 선한 평가를 받을 수 있어야 합니다. 교회는 반드시 지도자를 시험해본 후 신중하게 선택해야 합니다.

37. 돈을 사랑하는 것은(딤전 6:3-21)

예수님의 말씀을 따르지 않는 자는 경건을 이익의 수단으로 활용하지만, 자족하는 사람은 경건한 삶 자체를 즐깁니다. 경건한 삶을 가로막는 주범은 바로 '돈'입니다. 돈은 비록 가치중립적인 화폐일 뿐이지만 탐심을 가지고 바라보는 순간, 그것은 일만 악의 뿌리가 됩니다. 그러므로 부한 자들은 교만하지 말고 가진 재물로 선한 사업을 하거나 나눠 줄 수 있는 것이 무엇인지 항상 고민해야 합니다. 그래야 미래에 생명을 선물로 받을 수 있기 때문입니다.

38. 그리스도의 좋은 군사(딤후 2:1-26)

바울은 사랑하는 제자 디모데가 은혜 안에서 그리스도의 제자가 되어 또 다른 사람을 충성된 제자로 세우도록 권면합니다. 제자는 첫째, 좋은 군사와 같습니다. 군사는 자기 맘대로 움직이지 않고 상관의 뜻에 따릅니다. 둘째, 경주자와 같습니다. 경주자는 경기 규칙을 잘 지킵니다. 셋째, 농부와 같습니다. 농부는 열매를 얻기까지 수고의 땀을 흘립니다. 바울은 디모데가 헛된 논쟁에 빠지지 않고, 청년의 정욕을 피하며, 주께 쓰임 받는 깨끗한 그릇이 되도록 권면합니다.

39. 모든 성경은 하나님의 호흡이다(디모데후서 3:10-4:8)

복음을 전하면서 고난에 직면하는 것은 필수 과정과 같습니다. 바울은 고난 가운데 노출된 제자 디모데에게 말씀으로 이겨내라고 권면합니다. 성경은 하나님의 감동으로 된 것으로 구원에 이르는 지혜가 있으며, 하나님의 사람으로 온전하게 하고, 선한 일을 하도록 능력을 공급합니다. 바울은 평생 말씀에 붙들려 살아왔고 남은 삶도 믿음으로 끝까지 완주하겠다고 합니다. 말씀에 사로잡힌 바울은 그의 제자 디모데에게, 철저히 말씀에 붙들려 사는 사람이 되라고 권면합니다.

40. 주님의 강림(살전 4:13-5:11)

성도들이 밤에 자는 자처럼 취해 살지 않고 낮에 사는 사람처럼 정신을 차리고 믿음으로 살아가야 할 이유는 주님이 재림하실 날이 있기 때문입니다. 그날이 되면 잠자던 자들도 다 일어나 주를 보게 될 것입니다. 그러므로 고난 가운데 있는 공동체는 재림의 날까지 신앙의 경주를 포기하지 않도록 서로 권면해야 합니다. 재림을 기다리는 삶은 현실을 도피하는 것이 아니라 현실에 뿌리박되, 매 순간을 마지막처럼 여기며 소망 가운데 최선을 다해 사는 삶입니다.

주제 9: 사도들의 가르침

41. 가장 탁월한 길(고전 13:1-13)

성도들이 어떤 영적인 은사를 하나님께 받았다 할지라도 사랑이 없으면 아무것도 아닙니다. 왜냐하면 은사는 공동체를 바르게 세우기 위한 하나님의 은혜의 선물이기 때문입니다. 그래서 바울은 그 어떤 영적인 일을 행하더라도 사랑으로 하기를 권면합니다. 사랑은 결코 자신을 내세우거나 자랑하지 않으며, 끝까지 상대를 존중하고, 자기 절제를 하며, 진리 가운데 기뻐하는 것입니다. 영원히 사라지지 않을 가장 위대한 가치가 바로 '사랑'입니다.

42. 새로운 피조물(고후 4:1–6:2)

바울이 사도직을 가치 있게 생각한 이유는 질그릇처럼 연약한 육체에 그리스도의 영광을 담았기 때문입니다. 제자란 바로 이 복음을 체험하고 그 기쁨을 나누는 사람입니다. 그래서 바울은 설사 욱여쌈을 당하는 고난이 있을지라도, 그 일을 '예수의 죽음을 몸에 짊어지는 영광'으로 알겠다고 합니다. 그리스도가 마음에 계시니 겉사람은 낡아질지라도 속사람은 날로 새로워집니다. 바울은 이 은혜를 헛되이 받지 말고, 오직 주를 위해 살라고 권면합니다.

43. 산 소망(벧전 1:1–2:12)

제자는 죽은 소망이 아니라 '산 소망'(Living Hope)을 붙들고 사는 사람입니다. 산 소망이란 이 땅에서 고난과 시험을 만나더라도 하나님의 능력으로 보호하심을 입어 그리스도의 날에 부활의 영광을 맛보는 것을 의미합니다. 이 땅의 삶은 영원한 나라의 삶에 비하면 나그네와 같습니다. 그러므로 제자는 잠깐의 유익에 한눈팔거나 고난에 두려워하지 말고, 매일 어린아이와 같이 말씀을 사모하면서, 산돌이신 그리스도와 연합된 삶을 살아야 합니다.

44. 믿음과 행위(약 1:1–2:26)

우리가 행함으로 구원받는 것은 아니지만 온전한 믿음은 반드시 복음에 합당한 삶의 열매를 맺게 합니다. 그러므로 그리스도의 제자는 자신의 지혜를 의지하기보다는 후히 주시고 꾸짖지 아니하시는 하나님께 간구해야 하며, 시험을 받을 때 회복하실 주님을 바라보는 소망을 가져야 합니다. 또한 말씀을 듣고 잊어버리는 것이 아니라 들은 말씀을 삶으로 실천하고자 하는 순종의 결단이 있어야 합니다. 살아있는 믿음은 신앙 고백을 삶 속에서 표현하며 사는 것입니다.

45. 서로 사랑하라(요일 3:1–4:21)

성도가 서로 사랑해야 할 이유는 하나님이 사랑이시기 때문입니다. 하나님은 그의 사랑을 우리에게 확증하기 위해 자신의 소중한 독생자 예수 그리스도를 아낌없이 십자가에 내어주셨습니다. 그 사랑을 받은 자들은 서로를 그리스도의 사랑으로 대해야 합니다. 만일 믿음이 있다고 하면서 서로를 미워한다면 이는 거짓말 하는 것이나 마찬가지입니다. 하나님의 자녀는 영적인 분별력을 가지고 미혹하는 자들을 경계하되, 지체들은 그리스도 사랑으로 품어야 합니다.

주제 10: 계시

46. 음성과 환상(계 1:1–20)

예수 그리스도의 계시가 천사를 통해 요한에게 전달됩니다. 요한이 받은 계시는 이 땅에 존재하는 교회가 읽어야 할 그리스도의 편지입니다. 역사의 알파와 오메가 되신 그리스도는 세상 마지막 날에 반드시 올라가신 그대로 구름을 타고 재림하실 것입니다. 그리스도는 초림부터 재림까지 그의 사랑하는 교회를 능력으로 붙들고 지키십니다. 그러므로 교회는 고난의 때에 더욱 그리스도의 말씀을 듣고 인내해야 합니다.

47. 교회들에게 주시는 메시지(계 2:1–3:22)

소아시아 일곱 교회에 보낸 편지 내용입니다. 첫째, 교조주의 신앙에 빠지지 말고 첫 사랑을 회복해야 합니다. 둘째, 환난과 궁핍을 두려워하지 말고 이겨내야 합니다. 셋째, 영적인 간음에 빠지지 않도록 주의해야 합니다. 넷째, 교회를 어지럽히는 이세벨의 행음을 경계해야 합니다. 다섯째, 죽은 자와 같은 영적인 상태를 회개해야 합니다. 여섯째, 비록 작지만 인내로 주의 말씀을 지켜야 합니다. 일곱째, 영적인 미지근함을 버리고 신앙의 열정을 회복해야 합니다.

48. 하늘보좌(계 4:1–7:17)

4장에서는 성부 하나님이 보좌에 앉으신 모습이 나타나며, 5장에서는 그 보좌 앞에 선 어린양 예수가 등장합니다. 성부 하나님은 심판의 두루마리를 어린양 예수에게 주십니다. 예수님이 그 인을 하나하나 떼실 때 세상을 향한 심판이 시작됩니다. 심판의 궁극적인 목적은 모든 것을 파괴하는 데 있지 않고, 말씀으로 인내한 144,000의 하늘 백성을 모으는 데 있습니다. 144,000은 문자적인 수가 아니라 시간과 공간을 초월해서 완성된 하늘 백성을 상징합니다.

49. 할렐루야(계 19:1–20:15)

그리스도가 사탄의 세력을 향해 최후의 심판을 하실 날이 있습니다. 이때 하늘에서는 '어린양의 혼인잔치'가 열릴 것입니다. 신랑이신 예수님과 신부인 교회 공동체가 승리의 영광을 나눌 것입니다. 그런데 이와 동시에 또 다른 잔치 즉, '하나님의 큰 잔치'가 열리는데, 이것은 세상에서 불신앙의 삶을 살던 자들이 공중의 새들의 밥이 되는 날입니다. 주님은 사탄의 완전한 패망을 미리 보여주시면서 현재의 고난을 믿음으로 인내하라고 말씀하십니다.

50. 새 예루살렘(계 21:1–22:21)

새 예루살렘은 어떤 물리적인 공간이 아니라 그리스도의 신부인 교회 공동체를 의미합니다. 주님은 새 하늘과 새 땅에 그리스도의 말씀을 지키며 인내한 자들을 초청하십니다. 그곳에는 태양도 필요 없고 성전도 필요 없습니다. 왜냐하면 하나님의 영광이 직접 비치며 성전이신 예수님이 중심에 계시기 때문입니다. 아담의 죄로 다가갈 수 없던 생명나무의 길이 열리고 영원한 생명이 시작됩니다. 믿음이란 현실에 발을 딛되, 주님이 오실 날을 소망하며 사는 삶입니다.

E100 성경읽기 요한복음 1:1–18

1 말씀이 육신이 되어

기도 말씀으로 하루를 시작하게 하시니 감사합니다. 말씀의 빛을 통해 주의 은혜와 뜻을 깨닫게 하소서.

성경읽기 요 1:1–14

말씀과 생명과 빛이신 예수님

1태초에 말씀이 계시니라 이 말씀이 하나님과 함께 계셨으니 이 말씀은 곧 하나님이시니라 2그
가 태초에 하나님과 함께 계셨고 3만물이 그로 말미암아 지은 바 되었으니 지은 것이 하나도 그
가 없이는 된 것이 없느니라 4그 안에 생명이 있었으니 이 생명은 사람들의 빛이라 5빛이 어둠
에 비치되 어둠이 깨닫지 못하더라 6하나님께로부터 보내심을 받은 사람이 있으니 그의 이름
은 요한이라 7그가 증언하러 왔으니 곧 빛에 대하여 증언하고 모든 사람이 자기로 말미암아 믿
게 하려 함이라 8그는 이 빛이 아니요 이 빛에 대하여 증언하러 온 자라

우리 가운데 거하시는 예수님

9참 빛 곧 세상에 와서 각 사람에게 비추는 빛이 있었나니 10그가 세상에 계셨으며 세상은 그
로 말미암아 지은 바 되었으되 세상이 그를 알지 못하였고 11자기 땅에 오매 자기 백성이 영접
하지 아니하였으나 12영접하는 자 곧 그 이름을 믿는 자들에게는 하나님의 자녀가 되는 권세를
주셨으니 13이는 혈통으로나 육정으로나 사람의 뜻으로 나지 아니하고 오직 하나님께로부터
난 자들이니라 14말씀이 육신이 되어 우리 가운데 거하시매 우리가 그의 영광을 보니 아버지의
독생자의 영광이요 은혜와 진리가 충만하더라

중심내용

말씀과 생명과 빛이신 예수님을 소개하면서 요한복음은 시작합니다. 역사 너머의 영원에서 시작합니다. 말씀이신 예수님은 '태초'부터 존재하셨고, 창조 전부터 하나님과 함께 계시면서 그분의 뜻을 즐거워하며 교제하셨습니다. 그 말씀 안에서 우리는 하나님을 만날 수 있고, 하나님의 뜻을 알 수 있습니다. 또 생명을 얻고 누리는 것도 그분의 말씀 안에 거할 때만 가능합니다(20:31). 예수님은 어둔 세상을 비추는 참 빛과 생명으로 오셨지만, 어둠에 빠진 자기 백성에게서는 환영받지 못하셨습니다. 하지만 예수님은 그 백성을 구원하여 '성전' 삼으실 것입니다. 죄로 물든 우리를 구원하여 거룩하게 하셔서 하나님이 거하시기에 합당한 처소로 만드실 것입니다. 그리고 은혜와 진리로 다스리실 것입니다. 그러니 주를 영접하고 그분과 지속적으로 교제하며 그분의 성전이 될 때, 우리는 하나님의 자녀로 인정받을 수 있고, 하나님의 은혜와 진리가 머무는 사람이 될 수 있습니다. 참 빛이신 예수님을 통해 세상이 하나님을 알 수 있었듯이, 그분의 말씀 안에 거하여 그 말씀을 따라 예수님처럼 사는 우리(빛)를 통해 어둔 세상이 하나님께로 돌아오게 하실 것입니다.

오늘의 묵상

예수님은 어떤 분입니까?

3–5절 이 세상을 창조하셨을 뿐 아니라 어둠에 사로잡힌 세상을 새롭게 하시려고 생명과 빛으로 오셨습니다. 예수님은 생명을 주려고 오셨지만, 세상은 빛을 받아들이는 대신에 속임과 착취로 더 큰 어둠을 생산하여 자신의 결핍과 한계를 감추려 했습니다. 그러니 빛에 복종하지 않는 이 어둔 세상의 대안과 청사진에 너무 크게 기대하지 않는 법과 너무 크게 실망하지 않는 법을 배워야 합니다. 주를 생명으로 모시는 한 해가 되도록 하루하루 채워 나갑시다.

내게 주시는 교훈은 무엇입니까?

12, 13절 자기 땅에, 자기 백성에게 오신 왕을 영접하고 '계속' 믿는 길 외에 하나님의 자녀가 되는 길은 없습니다. 내 어둠을 인정하고 내 무능을 시인하고 내 왕국을 포기해야 합니다. 내가 주님의 소유임을 고백하고 그분께 내 권리를 양도할 때, 양도한 것과 비교할 수 없는 그 나라 백성의 특권을 얻을 것입니다. 나를 버리지 않아도 될 만큼 의지할 것이 많지는 않습니까? 주의 자녀라는 특권보다 더 가치 있는 것이 있다면, 주님은 그 사람의 왕이 아닙니다.

오늘의 적용 묵상한 말씀을 오늘 내 삶에 어떻게 실천할지 적어봅시다.

오늘의 감사 하나님의 은혜를 돌아보며 감사할 제목을 기록해봅시다.

1.

2.

3.

오늘의 기도 적용한 내용을 구체적으로 기도하고 마무리합니다.

E100 성경읽기 누가복음 1:1–80

2 성령으로 나실 하나님의 아들 예수

기도 가난하고 간절한 마음을 주사 주의 말씀을 믿음으로 수용하고 순종하게 하소서.

성경읽기 눅 1:26–38

예수님의 출생 예고

26 여섯째 달에 천사 가브리엘이 하나님의 보내심을 받아 갈릴리 나사렛이란 동네에 가서 27 다
윗의 자손 요셉이라 하는 사람과 약혼한 처녀에게 이르니 그 처녀의 이름은 마리아라 28 그에
게 들어가 이르되 은혜를 받은 자여 평안할지어다 주께서 너와 함께 하시도다 하니 29 처녀가
그 말을 듣고 놀라 이런 인사가 어찌함인가 생각하매 30 천사가 이르되 마리아여 무서워하지 말
라 네가 하나님께 은혜를 입었느니라 31 보라 네가 잉태하여 아들을 낳으리니 그 이름을 예수
라 하라 32 그가 큰 자가 되고 지극히 높으신 이의 아들이라 일컬어질 것이요 주 하나님께서 그
조상 다윗의 왕위를 그에게 주시리니 33 영원히 야곱의 집을 왕으로 다스리실 것이며 그 나라
가 무궁하리라

마리아의 순종

34 마리아가 천사에게 말하되 나는 남자를 알지 못하니 어찌 이 일이 있으리이까 35 천사가 대답
하여 이르되 성령이 네게 임하시고 지극히 높으신 이의 능력이 너를 덮으시리니 이러므로 나
실 바 거룩한 이는 하나님의 아들이라 일컬어지리라 36 보라 네 친족 엘리사벳도 늙어서 아들을
배었느니라 본래 임신하지 못한다고 알려진 이가 이미 여섯 달이 되었나니 37 대저 하나님의 모
든 말씀은 능하외지 못하심이 없느니라 38 마리아가 이르되 주의 여종이오니 말씀대로 내게 이
루어지이다 하매 천사가 떠나 가니라

중심내용

세례 요한의 출생을 예고한 천사 가브리엘이 이제 갈릴리 나사렛으로 찾아가 마리아에게 하나님의 아들 예수의 출생을 예고합니다. 이 엄청난 구원 사건에 참여할 만큼 마리아에게 자격이 있었던 것은 아닙니다. 오직 은혜였습니다. 그런데 그 은혜는 처녀가 아이를 배야 하는 '가혹한 은혜'였습니다. 파혼의 위험이 있었습니다. 손가락질 당하면서도 해명하지 않고 침묵해야 하는 아픔이 기다리는 은혜였습니다. 정혼한 여인이 감당하기 어려운 계획이었지만, 하나님은 가브리엘을 통해 그 의미를 잘 설명하셔서 마리아의 마음에 남은 한 줌의 의문까지 해결해주십니다. 엘리사벳의 소망 없는 태에 생명을 창조하신 하나님의 말씀(약속)이 결혼하지 않은 여인 마리아의 몸에도 능히 생명을 담을 수 있지 않겠냐고 일깨우십니다. 마리아는 놀라고 두려웠지만 자신에게 일어날 이 일을 믿음으로 받아들입니다.

오늘의 묵상

하나님은 어떤 분입니까?

30-33절 마리아가 '예수'를 낳게 하셔서 메시아를 통해 이루실 하나님 나라의 약속을 성취하실 것입니다. 예수님은 아브라함에게 주신 언약의 '씨'며, 다윗에게 약속하신 대로 영원히 그 왕권이 견고한 나라를 이룰 하나님의 아들입니다. 오늘의 번영이 내일의 쇠락이 되는 세상의 무상한 권력과 나라를 좇지 맙시다. 하나님 나라의 백성 됨을 감사하며, 하나님의 아들의 다스림에 이 하루도 온전히 순종하시길 바랍니다.

내게 주시는 교훈은 무엇입니까?

37, 38절 마리아는 '능하신 말씀'에 절대 복종을 다짐하는 '주의 여종'이 됩니다. 그 순종이 가져올 결과까지 받아들입니다. 아들의 영광뿐 아니라 그의 고난과 죽음까지도 자기 몫으로 받아들인 것입니다(눅 2:35). '능하신 말씀'은 지금 내 삶 속에서 나의 순종을 통해 어떻게 그 능력의 역사를 이뤄내고 있습니까? 내 믿음에는 한계가 있을지 몰라도 하나님의 말씀에는 한계가 없습니다. 말씀의 권위를 인정하고 말씀의 능력을 신뢰하고 있습니까?

오늘의 적용 묵상한 말씀을 오늘 내 삶에 어떻게 실천할지 적어봅시다.

오늘의 감사 하나님의 은혜를 돌아보며 감사할 제목을 기록해봅시다.

1.

2.

3.

오늘의 기도 적용한 내용을 구체적으로 기도하고 마무리합니다.

E100 성경읽기 누가복음 2:1-40

3 온 백성에게 미칠 큰 기쁨의 소식

기도 새로운 날을 허락해주셔서 감사합니다. 내 눈과 마음을 열어 주의 말씀의 기이함을 보게 하소서.

성경읽기 눅 2:8-20

큰 기쁨의 좋은 소식

8그 지역에 목자들이 밤에 밖에서 자기 양 떼를 지키더니 9주의 사자가 곁에 서고 주의 영광이
그들을 두루 비추매 크게 무서워하는지라 10천사가 이르되 무서워하지 말라 보라 내가 온 백성
에게 미칠 큰 기쁨의 좋은 소식을 너희에게 전하노라 11오늘 다윗의 동네에 너희를 위하여 구
주가 나셨으니 곧 그리스도 주시니라 12너희가 가서 강보에 싸여 구유에 뉘어 있는 아기를 보
리니 이것이 너희에게 표적이니라 하더니 13홀연히 수많은 천군이 그 천사들과 함께 하나님을
찬송하여 이르되 14지극히 높은 곳에서는 하나님께 영광이요 땅에서는 하나님이 기뻐하신 사
람들 중에 평화로다 하니라

목자들의 방문과 경배

15천사들이 떠나 하늘로 올라가니 목자가 서로 말하되 이제 베들레헴으로 가서 주께서 우리에
게 알리신 바 이 이루어진 일을 보자 하고 16빨리 가서 마리아와 요셉과 구유에 누인 아기를 찾
아서 17보고 천사가 자기들에게 이 아기에 대하여 말한 것을 전하니 18듣는 자가 다 목자들이
그들에게 말한 것들을 놀랍게 여기되 19마리아는 이 모든 말을 마음에 새기어 생각하니라 20목
자들은 자기들에게 이르던 바와 같이 듣고 본 그 모든 것으로 인하여 하나님께 영광을 돌리고
찬송하며 돌아가니라

중심내용

'신의 아들'을 자처하던 로마 황제는 자신이 온 세상의 통치자임을 증명하고 확인하기 위해 호적을 명령했지만, 하나님은 도리어 그 기간 동안 온 세상의 진정한 왕이신 예수를 다윗 왕의 고향 베들레헴에 태어나게 하셨습니다. 그래서 다윗의 위가 영원할 것이라는 약속(삼하 7장)을 성취하셨습니다. 그 주(主)가 난 곳은 화려한 궁궐이 아니라 구유였습니다. 천사들은 이 기쁜 소식을 세상이 멸시하던 목자들에게 맨 먼저 알렸고, 아기 예수님은 이 목자들에게서 맨 처음 경배를 받으셨습니다. 세상의 구주 탄생 소식을 처음 받고 전한 사람은 통치자들이 아니라 바로 이 비천한 목자들이었습니다. 또 로마의 '구주' 가이사의 평화는 강력한 군대의 칼 아래에서 숨죽인 평화지만, 참 '구주'이신 예수 그리스도의 평화는 하늘의 군대와 함께 찬양하며 기쁨으로 맞이할 평화입니다. 이것이 바로 교만한 권력자들을 낮추시고 주가 기뻐하시는 비천한 자를 높이시는 역전의 역사요, 온 백성에게 미칠 큰 기쁨의 좋은 소식입니다. 세월은 세상의 권력자들을 바꾸고 나라는 흥망성쇠를 거듭하지만, 하나님 나라는 쇠하지 않고 우리가 충성할 왕, 주 예수 그리스도는 영원하십니다.

오늘의 묵상

하나님은 어떤 분입니까?

7-9절 하나님 나라의 왕은 힘의 중심인 로마가 아니라 식민지 이스라엘에서, 성전이 있는 예루살렘이 아니라 다윗의 고향인 변방 베들레헴에서 나셨습니다. 화려한 왕궁이 아니라 구유에서 나셨습니다. 그분은 세상이 동경하는 힘과 자원을 독점하고 그것으로 차별과 폭력과 전쟁을 일삼는 통치자가 아닙니다. 도리어 목자들처럼 이 땅에서는 천시 받던 이들을 찾아가 그들보다 더 낮은 자리에서 섬기고 희생하며 '사랑의 통치'를 구현하십니다.

내게 주시는 교훈은 무엇입니까?

15-20절 목자들은 두려웠지만, 지체 없이 순종하여 베들레헴으로 가서 구유에 누인 아기에게 경배하였습니다. 또 아이의 부모에게 천사에게서 들은 바를 전해줍니다. 비록 멸시받는 일을 했지만, '단순한 순종'을 통해 맨 먼저 온 세상의 주님을 뵙고, 경배하고, 참 기쁜 소식을 전하는 영광을 누렸습니다. 오늘 주님이 오신다 해도 여전히 우리의 삶의 조건보다 우리의 마음을 보실 것입니다.

오늘의 적용 묵상한 말씀을 오늘 내 삶에 어떻게 실천할지 적어봅시다.

오늘의 감사 하나님의 은혜를 돌아보며 감사할 제목을 기록해봅시다.

1.

2.

3.

오늘의 기도 적용한 내용을 구체적으로 기도하고 마무리합니다.

E100 성경읽기 누가복음 3:1–20

4 주의 길을 예비하라

기도 죄를 버리고 주께 나아갑니다. 조급하고 산만한 내 마음을 다스리시어 주의 말씀에 더욱 집중케 하소서.

성경읽기 눅 3:1–14

광야에서 주의 길을 준비하다

1디베료 황제가 통치한 지 열다섯 해 곧 본디오 빌라도가 유대의 총독으로, 헤롯이 갈릴리의
분봉왕으로, 그 동생 빌립이 이두래와 드라고닛 지방의 분봉 왕으로, 루사니아가 아빌레네의
분봉 왕으로, 2안나스와 가야바가 대제사장으로 있을 때에 하나님의 말씀이 빈 들에서 사가랴
의 아들 요한에게 임한지라 3요한이 요단 강 부근 각처에 와서 죄 사함을 받게 하는 회개의 세
례를 전파하니 4선지자 이사야의 책에 쓴 바 광야에서 외치는 자의 소리가 있어 이르되 너희
는 주의 길을 준비하라 그의 오실 길을 곧게 하라 5모든 골짜기가 메워지고 모든 산과 작은 산
이 낮아지고 굽은 것이 곧아지고 험한 길이 평탄하여질 것이요 6모든 육체가 하나님의 구원하
심을 보리라 함과 같으니라

회개에 합당한 열매를 촉구하다

7요한이 세례 받으러 나아오는 무리에게 이르되 독사의 자식들아 누가 너희에게 일러 장차 올
진노를 피하라 하더냐 8그러므로 회개에 합당한 열매를 맺고 속으로 아브라함이 우리 조상이
라 말하지 말라 내가 너희에게 이르노니 하나님이 능히 이 돌들로도 아브라함의 자손이 되게
하시리라 9이미 도끼가 나무 뿌리에 놓였으니 좋은 열매 맺지 아니하는 나무마다 찍혀 불에 던
져지리라 10무리가 물어 이르되 그러면 우리가 무엇을 하리이까 11대답하여 이르되 옷 두 벌 있
는 자는 옷 없는 자에게 나눠 줄 것이요 먹을 것이 있는 자도 그렇게 할 것이니라 하고 12세리
들도 세례를 받고자 하여 와서 이르되 선생이여 우리는 무엇을 하리이까 하매 13이르되 부과된
것 외에는 거두지 말라 하고 14군인들도 물어 이르되 우리는 무엇을 하리이까 하매 이르되 사
람에게서 강탈하지 말며 거짓으로 고발하지 말고 받는 급료를 족한 줄로 알라 하니라

중심내용

태에서부터 지극히 높으신 자의 선지자로 예정된(1:76) 요한은 '광야'에서 훈련과 연단의 시간을 보낸 후(1:80) 하나님의 부름을 받습니다. 죄 사함을 받게 하는 회개의 세례를 선포하며 주의 길을 예비합니다. 요한은 회개의 세례를 받는다고 해서 모두 주를 맞이할 준비가 된 것으로 간주하지 않았습니다. 그래서 참 회개는 삶이 변하고 가치관과 행동이 변하는 것으로 열매 맺는 회개이며, 그 회개만이 주님을 영접할 수 있는 마음이라고 말합니다. 하지만 마음을 바꾸지 않고 회개에 합당한 열매도 맺지 않은 채, 세례와 같은 익숙한 종교행위와 선민의식에 기대는 교만한 위선자들은 그분의 엄준한 질책과 경고를 피할 수 없습니다.

오늘의 묵상

하나님은 어떤 분입니까?

1, 2절 하나님의 말씀은 세상의 통치자나 권력자, 타락한 종교 지도자들이 아니라 '빈들에 있는' 요한에게 임했습니다. '빈들의 사람'을 통해 불의와 탐욕에 눈먼 세상을 깨우려 하신 것입니다. 분주함과 요란함으로 가득 찬 이 세상 속에서 하나님과 독대하고 말씀에 사무치며 마음을 토설할 수 있는 나만의 '빈들'이 있습니까?

3-6절 선지자의 음성이 들리지 않던 기나긴 침묵의 시대를 깨고 드디어 광야에서 외치는 자의 '소리'를 듣게 하십니다. 죄의 포로로 있는 이들에게 참된 왕을 맞이할 준비를 하라는 '소식'입니다. '교만한 마음'을 낮추고, '비뚤어진 마음'을 곧게 하며, '부정한 마음'을 버리고, '가난한 마음'으로 주를 영접하라 하십니다.

내게 주시는 교훈은 무엇입니까?

10-14절 요한은 세례를 받으러 온 무리에게 삶의 변화를 촉구합니다. 세례는 하나의 종교의식이 아닌 인생의 중요한 전환 즉 옛 삶의 종식과 새 삶의 시작입니다. 움켜쥐고 '나'만 알던 삶을 떠나 나누고 '남'을 섬기는 삶으로, 탐욕과 탐닉을 버리고 자족과 자비를 배우는 삶으로 가는 것입니다. 그리고 강포와 강탈을 멈추고 정의와 정직을 세우는 거룩한 결단과 실천입니다.

오늘의 적용 묵상한 말씀을 오늘 내 삶에 어떻게 실천할지 적어봅시다.

오늘의 감사 하나님의 은혜를 돌아보며 감사할 제목을 기록해봅시다.

1.

2.

3.

오늘의 기도 적용한 내용을 구체적으로 기도하고 마무리합니다.

E100 성경읽기 마태복음 3:13–4:17

5 광야에서 시험을 받으신 예수님

기도 말씀으로 나를 새롭게 하소서. 말씀만이 생명임을 깨닫고 그 말씀 붙들며 주어진 하루 승리케 하소서.

성경읽기 마 4:1–11

성령에 이끌려 시험을 받으시다

1그 때에 예수께서 성령에게 이끌리어 마귀에게 시험을 받으러 광야로 가사 2사십 일을 밤낮으
로 금식하신 후에 주리신지라

첫째 시험

3시험하는 자가 예수께 나아와서 이르되 네가 만일 하나님의 아들이어든 명하여 이 돌들로 떡
덩이가 되게 하라 4예수께서 대답하여 이르시되 기록되었으되 사람이 떡으로만 살 것이 아니
요 하나님의 입으로부터 나오는 모든 말씀으로 살 것이라 하였느니라 하시니

둘째 시험

5이에 마귀가 예수를 거룩한 성으로 데려다가 성전 꼭대기에 세우고 6이르되 네가 만일 하나님
의 아들이어든 뛰어내리라 기록되었으되 그가 너를 위하여 그의 사자들을 명하시리니 그들이
손으로 너를 받들어 발이 돌에 부딪치지 않게 하리로다 하였느니라 7예수께서 이르시되 또 기
록되었으되 주 너의 하나님을 시험하지 말라 하였느니라 하시니

셋째 시험

8마귀가 또 그를 데리고 지극히 높은 산으로 가서 천하 만국과 그 영광을 보여 9이르되 만일 내
게 엎드려 경배하면 이 모든 것을 네게 주리라 10이에 예수께서 말씀하시되 사탄아 물러가라
기록되었으되 주 너의 하나님께 경배하고 다만 그를 섬기라 하였느니라 11이에 마귀는 예수를
떠나고 천사들이 나아와서 수종드니라

중심내용

예수님은 성령에 이끌려 광야에서 시험을 받으셨지만 말씀을 의지하고 순종하여 이겨내셨습니다. 에덴의 첫 아담은 풍요 속에서도 뱀의 유혹에 넘어졌고, 이스라엘 백성도 광야에서 물과 떡의 시험을 받아 실족했습니다. 하지만 마지막 아담이요 참 이스라엘이신 예수님은 참 생명이 떡이 아니라 말씀순종에 달린 줄 믿고, 돌로 떡을 만들 수 있는 능력과 특권을 거부하셨습니다. 또 말씀(시 91:11, 12)을 인용하며 시험하는 궤계에 맞서, 하나님은 시험의 대상이 아니라 절대순종의 대상임을 선언하며 마귀의 제안을 물리치십니다. 자기에게 경배하면 십자가를 지지 않고도 왕이 될 수 있다는 마귀의 솔깃한 제안에도, 예수님은 그 대가가 고난과 죽음일지라도 하나님만 경배하는 아들이 되기를 선택하십니다. 마귀가 제안한 천사의 도움(6절)과 떡(3절)을 거절하는 믿음을 보시고, 하나님께서도 천사들이 아들을 수종들게 하십니다.

오늘의 묵상

예수님은 어떤 분입니까?

전체 마귀의 시험은 모두 설득력이 있었습니다. 하지만 예수님은 신뢰와 순종의 실패로 사망 아래 갇힌 이들을 구하러 오셨기에, 그분께 지금 중요한 것은 명분이나 실리가 아니라 목숨까지 바치는 순종과 충성이었습니다. 형식적인 명분으로 불순종을 정당화하지 말고, 단순한 순종으로 말씀의 능력을 경험하는 하루가 됩시다.

3, 4절 하나님의 말씀을 거스른 아담이나 떡이 없다고 광야에서 불평하던 이스라엘과는 달리, 예수님은 참 생명은 떡이 아닌 말씀 순종에 달려있다고 고백하십니다. 나도 하나님의 말씀을 읽고 깨닫고 순종하는 것을 생명처럼 여깁니까?

8–11절 자기를 숭배하면 '천하'를 다 주겠다는 마귀의 솔깃한 제안을 거절하십니다. 아들로서 '하나님 경외' 없는 권세나 '하나님 경배' 없는 영광을 추구하지 않으셨습니다. 인격의 변화 없이 탐욕만 부추기고 '자아'를 극대화하는 우상숭배의 유혹에 빠지지 말고, 나에게 생명과 호흡을 주신 하나님만 경배합시다.

오늘의 적용 묵상한 말씀을 오늘 내 삶에 어떻게 실천할지 적어봅시다.

오늘의 감사 하나님의 은혜를 돌아보며 감사할 제목을 기록해봅시다.

1.

2.

3.

오늘의 기도 적용한 내용을 구체적으로 기도하고 마무리합니다.

E100 성경읽기 마태복음 5:1–6:4

6 팔복, 하나님 나라의 복

기도 성령과 진리를 통해 주님과의 친밀하고 거룩하고 복된 사귐을 누리게 하소서.

성경읽기 마 5:3–16

제자, 복이 있는 자

3심령이 가난한 자는 복이 있나니 천국이 그들의 것임이요 4애통하는 자는 복이 있나니 그들
이 위로를 받을 것임이요 5온유한 자는 복이 있나니 그들이 땅을 기업으로 받을 것임이요 6의
에 주리고 목마른 자는 복이 있나니 그들이 배부를 것임이요 7긍휼히 여기는 자는 복이 있나
니 그들이 긍휼히 여김을 받을 것임이요 8마음이 청결한 자는 복이 있나니 그들이 하나님을 볼
것임이요 9화평하게 하는 자는 복이 있나니 그들이 하나님의 아들이라 일컬음을 받을 것임이
요 10의를 위하여 박해를 받은 자는 복이 있나니 천국이 그들의 것임이라 11나로 말미암아 너
희를 욕하고 박해하고 거짓으로 너희를 거슬러 모든 악한 말을 할 때에는 너희에게 복이 있나
니 12기뻐하고 즐거워하라 하늘에서 너희의 상이 큼이라 너희 전에 있던 선지자들도 이같이 박
해하였느니라

제자, 세상의 빛과 소금

13너희는 세상의 소금이니 소금이 만일 그 맛을 잃으면 무엇으로 짜게 하리요 후에는 아무 쓸
데 없어 다만 밖에 버려져 사람에게 밟힐 뿐이니라 14너희는 세상의 빛이라 산 위에 있는 동네
가 숨겨지지 못할 것이요 15사람이 등불을 켜서 말 아래에 두지 아니하고 등경 위에 두나니 이
러므로 집 안 모든 사람에게 비치느니라 16이같이 너희 빛이 사람 앞에 비치게 하여 그들로 너
희 착한 행실을 보고 하늘에 계신 너희 아버지께 영광을 돌리게 하라

중심내용

산상수훈의 도입 부분으로서 팔복이 소개되어 있습니다. 예수님이 선언하신 여덟 가지 축복은 복을 누리기 위한 조건이 아니라 참된 제자들이 당연히 갖추고 있고 이미 누리고 있어야 할 삶의 모습입니다. 제자들은 마음이 가난하고 애통하고 평화를 만들고 의에 주리고 목마른 사람들입니다. 그것은 이 세상 나라 가치관과 질서에 대한 철저한 부정이요 뒤바꿈이고, 인간의 죄가 낳은 부당한 고통과 억압에 대한 도전이요 항거입니다. 현재 누리는 복과 미래에 온전해질 복만이 이 가치에 헌신하고 이 변혁에 참여할 동력이 됩니다. 예수님의 제자들은 이 새 가치관을 수용하고 그것에 따라서 삶의 방향과 목표를 정하는 사람들입니다. 이 복을 누리고 있습니까? 이렇게 복된 백성으로 살도록 격려하고 도와주는 공동체를 꾸리는 것이 우리의 목표입니까? 예수님은 팔복으로 묘사된 하나님 백성의 성품과 삶을 소금과 빛에 비유합니다. 그들은 세상과 구별된 착한 행실('의')을 통해 하나님께 영광을 돌리도록 부름 받았습니다.

오늘의 묵상

내게 주시는 교훈은 무엇입니까?

3–5절 비록 주님을 배반한 사탄의 나라 때문에 가난하고 주리고 울고 미움을 받을지라도, 하나님 나라의 복을 받아들이고 구원의 선물을 환영하는 이들이 복을 받을 것입니다. 반대로 이 세상에 취하여 부하고 배부르고, 이 세상의 성취 때문에 웃고 즐기느라 하나님 나라와 구주의 선물(복)을 사모하지 않는 이들은 저주를 받을 것입니다. 나는 어느 쪽입니까? 내 자녀는 어느 나라 백성으로 크고 있습니까?

13–16절 그리스도인은 세상의 빛과 소금입니다. 예수님은 제자들더러 빛과 소금이 되라고 명하시지 않습니다. 짠 맛을 내고 환한 빛을 비추기 위해 애쓰라고 하시지도 않습니다. 소금이면 짠 맛 나는 것이 당연하고, 빛이면 산 위의 동네처럼, 등경 위에 얹어놓은 등불처럼 어둠을 사르고 밝히는 것이 마땅하다고 하십니다. 그리스도인은 세상과 전혀 다른 가치관과 삶의 목표와 방식으로 구별된 사람들입니다. 그들의 맛과 빛 즉 '선한 행실'로 세상을 놀라게 하고, 우리가 그렇게 살 수 있게 해주신 하나님을 드러내고 그분의 영광을 드높이는 사람들입니다.

오늘의 적용 묵상한 말씀을 오늘 내 삶에 어떻게 실천할지 적어봅시다.

오늘의 감사 하나님의 은혜를 돌아보며 감사할 제목을 기록해봅시다.

1.

2.

3.

오늘의 기도 적용한 내용을 구체적으로 기도하고 마무리합니다.

E100 성경읽기 마태복음 6:5–7:29

7 이렇게 기도하라

기도 거룩한 삶의 은밀한 대적인 나태함 그리고 진리로부터 뒷걸음치게 하는 소심함을 버리게 하소서.

성경읽기 마 6:5–15

외식과 경건

5또 너희는 기도할 때에 외식하는 자와 같이 하지 말라 그들은 사람에게 보이려고 회당과 큰 거
리 어귀에 서서 기도하기를 좋아하느니라 내가 진실로 너희에게 이르노니 그들은 자기 상을
이미 받았느니라 6너는 기도할 때에 네 골방에 들어가 문을 닫고 은밀한 중에 계신 네 아버지께
기도하라 은밀한 중에 보시는 네 아버지께서 갚으시리라 7또 기도할 때에 이방인과 같이 중언
부언하지 말라 그들은 말을 많이 하여야 들으실 줄 생각하느니라 8그러므로 그들을 본받지 말
라 구하기 전에 너희에게 있어야 할 것을 하나님 너희 아버지께서 아시느니라

기도와 용서

9그러므로 너희는 이렇게 기도하라 하늘에 계신 우리 아버지여 이름이 거룩히 여김을 받으시
오며 10나라가 임하시오며 뜻이 하늘에서 이루어진 것 같이 땅에서도 이루어지이다 11오늘 우
리에게 일용할 양식을 주시옵고 12우리가 우리에게 죄 지은 자를 사하여 준 것 같이 우리 죄를
사하여 주시옵고 13우리를 시험에 들게 하지 마시옵고 다만 악에서 구하시옵소서 (나라와 권세
와 영광이 아버지께 영원히 있사옵나이다 아멘) 14너희가 사람의 잘못을 용서하면 너희 하늘
아버지께서도 너희 잘못을 용서하시려니와 15너희가 사람의 잘못을 용서하지 아니하면 너희
아버지께서도 너희 잘못을 용서하지 아니하시리라

중심내용

예수님은 외식을 경계하십니다. 유대인들의 경건의 핵심인 구제(1–4절), 기도(5–15절), 금식(16–18절)마저도 사람에게 보여서 사람의 영광을 얻으려 할 때 외식과 위선의 도구로 전락할 수 있음을 경고하십니다. 또 하나님 나라 백성의 기도의 핵심인 '주기도문'을 가르치시기 전에, 잘못된 기도의 두 가지 유형을 지적하십니다. 하나는 유대인의 외식적인 기도이고, 다른 하나는 하나님을 모르는 이방인들의 중언부언하는 기도입니다. 전자는 하나님보다 사람을 더 의식하는 기도요, 후자는 기도의 대상에 대한 확신이 없는 주문과 같은 비인격적인 기도입니다. 그래서 예수님은 제자들에게 기도의 자세는 물론 기도의 대상(8, 9절)과 내용(10–13절)까지 소상히 가르쳐주십니다. 하루 생존에 필요한 최소한의 양식부터 죄 용서와 악한 자로부터 건져주시는 일까지 내 생명과 내 삶의 모든 영역에서 하나님께 의탁하라고 하십니다. 내 행위와 자원만으로는 단 하루도 주의 제자로 살 수 없음을 인정하는 행위가 '기도'이기 때문입니다. 그리고 기도한 것이 곧 우리의 삶(14, 15절)이 되게 하라고 말씀하십니다.

오늘의 묵상

예수님은 어떤 분입니까?

7, 8절 하나님을 알고 그분이 원하시는 뜻대로 구하라고 하십니다. 하나님은 염두에 두지 않고, 많은 기도나 오랜 기도가 응답의 열쇠라고 믿고 하는 무미건조하고 주문 같은 비인격적인 기도를 금하십니다. 구하기 전에도 우리의 필요를 잘 아시면서 기도하라고 하신 것은, 기도는 내가 원하는 것을 얻어내는 수단이 아니라 살아계신 하나님과의 교제이기 때문입니다.

9, 10절 우리에게 필요한 것보다 하나님의 이름과 나라와 뜻을 먼저 구하라고 하십니다. 이것은 하나님께서 친히 권능으로 주의 이름을 드높이시고 주의 나라를 이루시기를 갈망하는 기도입니다. 동시에 제자들도 순종의 삶을 통해 이 하나님의 통치에 참여하기를 간청하는 기도입니다. 이렇듯 자기 부인을 통해 내 나라를 버리고 주의 나라만 서기를 구하는 것이 기도입니다.

오늘의 적용 묵상한 말씀을 오늘 내 삶에 어떻게 실천할지 적어봅시다.

오늘의 감사 하나님의 은혜를 돌아보며 감사할 제목을 기록해봅시다.

1.

2.

3.

오늘의 기도 적용한 내용을 구체적으로 기도하고 마무리합니다.

8 씨 뿌리는 자의 비유

기도 주여, 말씀의 권위를 인정하고 말씀의 능력을 신뢰하며 말씀을 경청케 하소서.

성경읽기 마 13:31-33, 44-46

하나님 나라의 성장: 겨자씨와 누룩의 비유

31또 비유를 들어 이르시되 천국은 마치 사람이 자기 밭에 갖다 심은 겨자씨 한 알 같으니 32이
는 모든 씨보다 작은 것이로되 자란 후에는 풀보다 커서 나무가 되매 공중의 새들이 와서 그 가
지에 깃들이느니라 33또 비유로 말씀하시되 천국은 마치 여자가 가루 서 말 속에 갖다 넣어 전
부 부풀게 한 누룩과 같으니라

하나님 나라의 가치: 보화와 진주의 비유

44천국은 마치 밭에 감추인 보화와 같으니 사람이 이를 발견한 후 숨겨 두고 기뻐하며 돌아가
서 자기의 소유를 다 팔아 그 밭을 사느니라 45천국은 마치 좋은 진주를 구하는 장사와 같으니
46극히 값진 진주 하나를 발견하매 가서 자기의 소유를 다 팔아 그 진주를 사느니라

중심내용

겨자씨와 누룩 비유는 한 쌍으로서 하나님 나라의 특징을 잘 보여줍니다. 하나님 나라는 아주 작게 시작했지만, 겨자씨가 자라서 나무가 되어 공중의 새들에게 둥지를 마련해주듯이, 마침내는 온 세상을 품고(32절) 세상 전체를 새롭게 하는 능력의 나라입니다(33절). 이는 하나님 나라가 지금의 겉모습과 관계없이 원래 생명이 가득한 나라이기 때문입니다. 실제로 로마도 아니고 예루살렘도 아닌 나사렛에서 예수님이 선포하신 하나님 나라의 복음은 지극히 미약한 변방 팔레스타인에서 시작되었지만, 마침내는 로마 제국 전역과 그 주변 나라들에까지 영향을 미치게 되었고, 교회를 통해 온 세상에 퍼지게 되었습니다. 거의 주목하지 않은 지역이고 사역이고 사람이었지만, 온 인류에게 유일한 소망과 구원을 주는 복된 소식입니다. 그리고 하나님의 백성들은 이 나라의 소중함과 위대함을 믿기에 자신들이 가진 세상의 모든 영광과 자랑을 기꺼이 버리고 기쁜 마음으로 하나님 나라를 위해 헌신합니다(44-46절). 하지만 세상에 취해 사는 사람은 결국에는 자신들이 행해온 잘못된 선택에 대해 책임을 지게 될 것입니다(40-42절).

오늘의 묵상

하나님은 어떤 분입니까?

33절 천국은 한 여인이 가루 서 말 속에 감춰놓은 누룩이 가루를 부풀게 하는 것과 같습니다. 그 끝은 시작할 때 기대할 수 없을 만큼 다를 것입니다. 그 출현도 떠들썩하지 않고 은밀할 것입니다. 그 확장과 발전 역시 눈에 띄지 않게 조용히 진행될 것입니다. 이것은 단지 교회의 수적 확장만을 가리키지 않고 세상에서의 영적 영향력이 확대될 것도 의미합니다. 마치 교회 다니면 세상을 다 얻을 수 있고 성공할 수 있을 것처럼 거창하게 과시하지만, 실제로 지금 세상을 향한 교회의 영향력이 약해지는 이유를 생각해봅시다.

내게 주시는 교훈은 무엇입니까?

44-46절 천국을 얻으려면 내 전부를 다 걸어야 합니다. 재물, 지식, 관계, 심지어 목숨까지 모든 소유권을 주께 넘겨드려야 합니다. 그것도 큰 희생으로 여기지 않고 포기한 것과 비교할 수 없을 만큼 가치 있는 것을 얻는다는 기쁨으로 드려야 합니다. 이 땅에서 되돌려 받지 못한다 할지라도 천국 하나만으로 만족해야 합니다. 천국 백성 되는 것보다 더 감사하고 감격스러운 것이 없는 이들이 참 제자입니다.

오늘의 적용 묵상한 말씀을 오늘 내 삶에 어떻게 실천할지 적어봅시다.

오늘의 감사 하나님의 은혜를 돌아보며 감사할 제목을 기록해봅시다.

1.

2.

3.

오늘의 기도 적용한 내용을 구체적으로 기도하고 마무리합니다.

E100 성경읽기 누가복음 10:25-37

9 선한 사마리아인의 비유

기도 내 모든 편견과 고집을 내려놓고 주의 말씀에 귀 기울입니다. 주의 형상으로 빚으소서.

성경읽기 눅 10:25-37

율법 교사의 시험

25어떤 율법교사가 일어나 예수를 시험하여 이르되 선생님 내가 무엇을 하여야 영생을 얻으리
이까 26예수께서 이르시되 율법에 무엇이라 기록되었으며 네가 어떻게 읽느냐 27대답하여 이
르되 네 마음을 다하며 목숨을 다하며 힘을 다하며 뜻을 다하여 주 너의 하나님을 사랑하고 또
한 네 이웃을 네 자신 같이 사랑하라 하였나이다 28예수께서 이르시되 네 대답이 옳도다 이를
행하라 그러면 살리라 하시니

선한 사마리아인의 비유

29그 사람이 자기를 옳게 보이려고 예수께 여짜오되 그러면 내 이웃이 누구니이까 30예수께서
대답하여 이르시되 어떤 사람이 예루살렘에서 여리고로 내려가다가 강도를 만나매 강도들이
그 옷을 벗기고 때려 거의 죽은 것을 버리고 갔더라 31마침 한 제사장이 그 길로 내려가다가 그
를 보고 피하여 지나가고 32또 이와 같이 한 레위인도 그 곳에 이르러 그를 보고 피하여 지나가
되 33어떤 사마리아 사람은 여행하는 중 거기 이르러 그를 보고 불쌍히 여겨 34가까이 가서 기
름과 포도주를 그 상처에 붓고 싸매고 자기 짐승에 태워 주막으로 데리고 가서 돌보아 주니라
35그 이튿날 그가 주막 주인에게 데나리온 둘을 내어 주며 이르되 이 사람을 돌보아 주라 비용
이 더 들면 내가 돌아올 때에 갚으리라 하였으니 36네 생각에는 이 세 사람 중에 누가 강도 만
난 자의 이웃이 되겠느냐 37이르되 자비를 베푼 자니이다 예수께서 이르시되 가서 너도 이와
같이 하라 하시니라

중심내용

율법 교사의 질문에, 예수님은 영생 얻는 길이 하나님 사랑과 이웃 사랑을 행하는 것이라고 가르쳐주시고 선한 사마리아인의 비유를 들려주십니다. 율법 교사는 자신이 영생의 길을 잘 안다고 믿었기에, 예수님을 시험하려 하였고 또 그 앞에서 옳게 보이려고 하였습니다. 그는 알량한 지식으로 예수님을 시험하고 자신을 과시하려고 했을 뿐 참된 이웃으로 살려고 하지 않았습니다. 그리고 비유에 등장하는 제사장과 레위인은 동료 유대인을 외면했습니다. 죽어가는 자를 외면할 정도로 중요하지도 않은 명분들을 내세우며 외면했습니다. 이처럼 아는 것을 실천하지 않으면 그 앎은 헛된 지식일 뿐입니다. 또 삶이 되지 못하는 지식은 자칫 자기를 과시하고, 종교적 허영심을 채우는 도구로 전락할 위험이 있습니다. 하지만 사마리아인의 실천하는 사랑은, 인간의 왜곡된 지식의 장벽을 넘어 그가 강도 만난 자의 이웃이 되게 하였습니다. 편견과 선입견을 깨는 참 사랑의 실천은 우리에게 더 많은 하늘 가족을 안겨줄 것입니다.

오늘의 묵상

내게 주시는 교훈은 무엇입니까?

25, 27절 율법 교사는 율법을 순종의 대상이 아니라 시험의 도구로 사용했습니다. 자기 앞에 계신 영생의 길('예수님')을 인정하지 않았고, 자신의 율법 지식을 실천하지도 않았습니다. 말씀을 아는 것이 아닌 사는 것, 사용하는 것이 아닌 순종하는 것이 영생의 길입니다. 그렇다면 나는 영생의 걸음을 걷고 있습니까?

30-36절 '선민'의 상징인 제사장과 레위인은 '동족' 유대인을 외면했지만, 유대인에게 경멸과 멸시의 대상이던 사마리아인은 자기를 희생하면서까지 원수 유대인을 곤경에서 구해주었습니다. 참된 이웃 사랑은 이웃에 대한 바른 정의(29절, '내 이웃이 누구입니까?')를 내릴 수 있는 능력이 아닙니다. 원수까지 이웃으로 여기고 그 사랑을 실천하는 것으로만 증명됩니다(37절, '가서 너도 이와 같이 하라').

오늘의 적용 묵상한 말씀을 오늘 내 삶에 어떻게 실천할지 적어봅시다.

오늘의 감사 하나님의 은혜를 돌아보며 감사할 제목을 기록해봅시다.

1.

2.

3.

오늘의 기도 적용한 내용을 구체적으로 기도하고 마무리합니다.

E100 성경읽기 누가복음 15:1-32

10 찾으시는 사랑, 하늘의 기쁨

기도 아버지의 음성을 듣고 아버지의 마음을 헤아리고 아버지의 뜻을 발견하게 하소서.

성경읽기 눅 15:1-10

비유의 배경

1모든 세리와 죄인들이 말씀을 들으러 가까이 나아오니 2바리새인과 서기관들이 수군거려 이
르되 이 사람이 죄인을 영접하고 음식을 같이 먹는다 하더라

잃은 양을 찾는 목자의 비유

3예수께서 그들에게 이 비유로 이르시되 4너희 중에 어떤 사람이 양 백 마리가 있는데 그 중
의 하나를 잃으면 아흔아홉 마리를 들에 두고 그 잃은 것을 찾아내기까지 찾아다니지 아니하
겠느냐 5또 찾아낸즉 즐거워 어깨에 메고 6집에 와서 그 벗과 이웃을 불러 모으고 말하되 나
와 함께 즐기자 나의 잃은 양을 찾아내었노라 하리라 7내가 너희에게 이르노니 이와 같이 죄
인 한 사람이 회개하면 하늘에서는 회개할 것 없는 의인 아흔아홉으로 말미암아 기뻐하는 것
보다 더하리라

잃어버린 드라크마를 찾는 여인의 비유

8어떤 여자가 열 드라크마가 있는데 하나를 잃으면 등불을 켜고 집을 쓸며 찾아내기까지 부지
런히 찾지 아니하겠느냐 9또 찾아낸즉 벗과 이웃을 불러 모으고 말하되 나와 함께 즐기자 잃은
드라크마를 찾아내었노라 하리라 10내가 너희에게 이르노니 이와 같이 죄인 한 사람이 회개하
면 하나님의 사자들 앞에 기쁨이 되느니라

중심내용

바리새인과 서기관들은 죄인들과 함께 교제하시는 예수님을 비난했습니다(1-2절). 이에 예수님은 잃어버린 양을 찾는 목자의 비유(4-6절)와 잃어버린 드라크마를 찾는 여인의 비유(8-9절)를 통해 하늘 아버지의 참된 기쁨은 잃은 자를 되찾는 데 있음을 보이십니다. 하나님은 길 잃은 한 마리 양을 찾기 위해 아흔아홉 마리는 들에 두고 찾아 나서는 목자이십니다. 다시 찾은 한 마리 양을 다른 아흔아홉 마리 양보다 더 기뻐하시는 분입니다. 들에 남겨둔 아흔아홉 마리가 중요하지 않다는 뜻이 아니라, 한 마리의 중요성을 강조하기 위한 표현일 것입니다. 이것은 동시에 전통의 안전지대에 머물며 철옹성 같은 기득권을 고수하며 잃은 양 한 마리 같은 세리와 죄인들의 중요성을 무시하던, 당시 종교지도자들을 겨냥한 비유입니다.

오늘의 묵상

하나님은 어떤 분입니까?

4-7절 잃은 양 한 마리를 찾을 때까지 찾아다니는 목자와 같이, 죄인 한 사람을 찾을 때까지 찾아 나서십니다. 하나님께는 잃은 영혼을 찾은 기쁨과 견줄 수 있는 것이 없습니다. '한 마리' 양을 찾았다고 벗과 이웃을 불러 잔치를 배설하고 함께 즐기는 것은 상식 밖의 행동입니다. 그것은 '허비하는' 사랑입니다. 그렇습니다. 하나님은 그 무엇으로도 우리를 되찾은 기쁨을 표현하실 수 없는 분입니다. 그렇게 우리는 하나님께 소중한 사람들입니다.

내게 주시는 교훈은 무엇입니까?

1, 2절 바리새인과 서기관들은 예수님이 세리와 죄인들을 영접하여 음식을 나누는 것을 보고 수군거렸습니다. 예나 지금이나 식탁교제는 평화와 신뢰와 형제애를 나누는 일이었기에, 이것은 그들이 옳다고 믿던 종교질서를 뒤흔드는 충격적인 일이었을 것입니다. 우리가 하나님께 받은 사랑이 바로 인간의 상식과 경계를 뛰어넘는 '바보 같은' 사랑입니다. 나 편한 대로 경계를 만들고 울타리를 쳐서 누군가를 소외시키는 것은 사랑이 아닙니다.

오늘의 적용 묵상한 말씀을 오늘 내 삶에 어떻게 실천할지 적어봅시다.

오늘의 감사 하나님의 은혜를 돌아보며 감사할 제목을 기록해봅시다.

1.

2.

3.

오늘의 기도 적용한 내용을 구체적으로 기도하고 마무리합니다.

11

E100 성경읽기 누가복음 9:1-36

오병이어의 기적

기도 매일의 양식처럼, 날마다 말씀으로 내 주린 영혼 채워 주사 영적인 건강과 성장이 이루어지게 하소서.

성경읽기 눅 9:10-17

벳새다 사역

10사도들이 돌아와 자기들이 행한 모든 것을 예수께 여쭈니 데리시고 따로 벳새다라는 고을로
떠나 가셨으나 11무리가 알고 따라왔거늘 예수께서 그들을 영접하사 하나님 나라의 일을 이야
기하시며 병 고칠 자들은 고치시더라

오병이어의 기적

12날이 저물어 가매 열두 사도가 나아와 여짜오되 무리를 보내어 두루 마을과 촌으로 가서 유
하며 먹을 것을 얻게 하소서 우리가 있는 여기는 빈 들이니이다 13예수께서 이르시되 너희가
먹을 것을 주라 하시니 여짜오되 우리에게 떡 다섯 개와 물고기 두 마리밖에 없으니 이 모든 사
람을 위하여 먹을 것을 사지 아니하고서는 할 수 없사옵나이다 하니 14이는 남자가 한 오천 명
됨이러라 제자들에게 이르시되 떼를 지어 한 오십 명씩 앉히라 하시니 15제자들이 이렇게 하
여 다 앉힌 후 16예수께서 떡 다섯 개와 물고기 두 마리를 가지사 하늘을 우러러 축사하시고 떼
어 제자들에게 주어 무리에게 나누어 주게 하시니 17먹고 다 배불렀더라 그 남은 조각을 열두
바구니에 거두니라

중심내용

첫 출애굽 후 하나님께서 광야에서 이스라엘 백성에게 만나를 먹이셨듯이, 새 출애굽의 하나님으로 오신 예수님께서도 오병이어의 기적으로 백성들을 배불리 먹이셨습니다. 목자가 푸른 초장으로 양들을 인도하듯, 목자 없는 양 같은 무리에게 빈들에서 천국의 향연을 만끽하게 해주셨습니다. 예기치 않은 은혜의 잔치였고 하나님 나라를 열망하는 소외된 자들의 연회였습니다. 무리의 저녁 식사를 걱정하는 제자들에게 예수님은 그들이 직접 먹을 것을 주라고 명령하십니다. 제자들은 그렇게 하려면 돈이 너무 많이 들고, 자신들에게 있는 것은 보리떡 다섯 개와 물고기 두 마리뿐이라고 대답합니다. 아무리 현실의 문제를 잘 분석해도 예수님을 잘 모르면 해답은 없습니다. 현실을 잘 알면 알수록 절망만 깊어질 뿐입니다. 예수님은 제자들을 파송하시면서(1, 2절) 요구하신 절대적인 믿음을 자신이 직접 보이십니다. 제자들이 현실적인 계산을 하는 동안, 예수님은 하늘 아버지의 공급하심을 믿고 의지하여 남자만 5천 명을 먹이셨습니다. "너희가 먹을 주어라"(13절)는 명령은 그 자체로 이행하기 불가능했지만, 채우실 예수님을 의지하여 시행한다면 우리의 작은 나눔의 실천이 큰 기적의 시작이 될 수 있을 것입니다.

오늘의 묵상

예수님은 어떤 분입니까?

10, 11절 성공에 들뜬 제자들을 벳새다에서 쉬게 하려 하셨지만, 거기까지 따라온 무리를 애써 외면하지는 않으셨습니다. 자신보다는 늘 약한 자를 먼저 챙기셨습니다. '희생'과 '헌신'이란 단어가 점점 낯설어지는 이 시대에, 남김없이 다 바쳐 우리를 사랑하신 주님의 삶은 우리가 잊지 말아야 할 큰 메시지가 아닐까요?

12–17절 빈들에서 오병이어의 기적을 행하심으로, 자신이 광야에서 만나를 주신 하나님이 보내신 메시아임을 보여주십니다. 이 기적은 무리의 배고픔을 해결해줄 뿐 아니라 예수님을 잘 모르는 제자들과 무리들에게 예수님을 통해 메시아적 잔치가 시작되었음을 알게 해주었습니다. 특히 떡을 들고 '축사하시고' '떼어' '나눠주신' 장면은 성만찬을 연상케 합니다. 이를 통해 우리가 취하여 누릴 진정한 떡과 배부름은 예수님의 십자가와 부활로 얻는 새 생명임을 보여주십니다. 주린 배만 채워주는 메시아가 아니라 죽은 영혼까지 살려줄 메시아를 진정 만나셨습니까?

오늘의 적용 묵상한 말씀을 오늘 내 삶에 어떻게 실천할지 적어봅시다.

오늘의 감사 하나님의 은혜를 돌아보며 감사할 제목을 기록해봅시다.

1.

2.

3.

오늘의 기도 적용한 내용을 구체적으로 기도하고 마무리합니다.

E100 성경읽기 마태복음 14:22-36

12 물 위를 걸으시는 예수님

기도 기억나는 죄를 회개하고 무거운 짐을 주께 맡깁니다. 말씀에 더욱 집중하게 하소서.

성경읽기 마 14:22-33

물 위를 걸으시는 예수님

22예수께서 즉시 제자들을 재촉하사 자기가 무리를 보내는 동안에 배를 타고 앞서 건너편으로
가게 하시고 23무리를 보내신 후에 기도하러 따로 산에 올라가시니라 저물매 거기 혼자 계시
더니 24배가 이미 육지에서 수리나 떠나서 바람이 거스르므로 물결로 말미암아 고난을 당하더
라 25밤 사경에 예수께서 바다 위로 걸어서 제자들에게 오시니 26제자들이 그가 바다 위로 걸어
오심을 보고 놀라 유령이라 하며 무서워하여 소리 지르거늘 27예수께서 즉시 이르시되 안심하
라 나니 두려워하지 말라

베드로의 의심과 제자들의 고백

28베드로가 대답하여 이르되 주여 만일 주님이시거든 나를 명하사 물 위로 오라 하소서 하니
29오라 하시니 베드로가 배에서 내려 물 위로 걸어서 예수께로 가되 30바람을 보고 무서워 빠져
가는지라 소리 질러 이르되 주여 나를 구원하소서 하니 31예수께서 즉시 손을 내밀어 그를 붙
잡으시며 이르시되 믿음이 작은 자여 왜 의심하였느냐 하시고 32배에 함께 오르매 바람이 그치
는지라 33배에 있는 사람들이 예수께 절하며 이르되 진실로 하나님의 아들이로소이다 하더라

중심내용

예수님은 무리를 보내시는 동안 제자들을 건너편으로 내쫓다시피 재촉하여 앞서 보내셨습니다. 그리고 홀로 산에 올라가 밤이 깊도록 기도하셨습니다. 오병이어의 기적을 본 무리가 예수님을 왕 삼으려고 했기 때문입니다(요 6:14, 15). 아직 예수님을 제대로 모르는 제자들마저 세속적인 메시아로 예수님을 오해할 수 있는 상황이었습니다. 더욱이 요한의 죽음 소식을 들으시고는, 이제 점점 다가오는 자신의 고난과 죽음을 외면하지 않고 순종할 수 있는 힘을 구하려고 기도하셨을 것입니다. 한편, 밤새 사나운 바다와 싸우느라 녹초가 된 제자들은 물 위를 걸어오시는 예수님을 유령으로 여겨 놀랐습니다. 하지만 '안심하라. 내니 두려워하지 말라'고 하신 예수님 음성을 듣고 그분이 배에 오르자 바람이 잠잠해지는 것을 보고서, 제자들은 예수님이 하나님의 아들이심을 고백하며 경배합니다. 예수님은 의심하다가 물에 빠진 베드로를 건져주시고, 혼돈 가운데 둘러싸인 제자들을 안심시키고 안전하게 바다 건너편으로 가게 하심으로써 자신이 새 출애굽의 주권자요 하나님의 아들이심을 보여주십니다.

오늘의 묵상

예수님은 어떤 분입니까?

22, 23절 오병이어의 기적을 본 무리는 예수님을 억지로 왕 삼으려고 했습니다(요 6:14, 15). 예수님은 이런 환호와 기대를 멀리하고 십자가의 길을 가시기 위해 홀로 하나님 앞에 서셨습니다. 또 제자들이 무리가 주는 헛된 기대에 사로잡히지 않게 하시려고 배를 태워 건너편으로 떠나게 하십니다. 주목 받는 자리일수록, 칭찬과 명예를 얻을 때일수록, 나를 부르는 곳이 많아질수록 더 기도가 필요합니다. 홀로 자신과 대면할 수 있는 사람만이 주님도 만날 수 있기 때문입니다. 작은 성취 앞에서도 감사하기 어렵고, 겸손하기는 더 어렵지 않습니까? 환호를 받는 시간은 짧을수록 좋고, 주님께 무릎 꿇는 시간은 길수록 좋습니다.

내게 주시는 교훈은 무엇입니까?

28–33절 예수님이 물 위를 걸어오신 분이라고 믿을 만큼 믿음이 있었지만, 바람을 보고는 무서워 그 믿음을 놓을 만큼 두 마음을 품은 정함 없는 믿음이요, 바람에 밀려 요동하는 믿음이었습니다. 하지만 그런 나에게도 다시 손을 내밀어 일으켜주시는 주님을 꼭 붙드십시오. 온종일 일하고 밤새 파도와 맞서 싸웠지만 제자리만 맴돈 제자들처럼 고단하고 막막한 인생 항해를 하고 있습니까? "안심하라, 두려워하지 말라" 하시며 다가오시는 하나님의 아들을 그 시련의 한 가운데서 만나시길 바랍니다.

오늘의 적용 묵상한 말씀을 오늘 내 삶에 어떻게 실천할지 적어봅시다.

오늘의 감사 하나님의 은혜를 돌아보며 감사할 제목을 기록해봅시다.

1.

2.

3.

오늘의 기도 적용한 내용을 구체적으로 기도하고 마무리합니다.

13

E100 성경읽기 요한복음 9:1–41

'세상의 빛'이신 예수님

기도 말씀의 빛으로 날마다 비추어주소서. 부끄럽지만 도망가지 않고 돌아가겠습니다.

성경읽기 요 9:1–12

세상의 빛이신 예수님

1예수께서 길을 가실 때에 날 때부터 맹인 된 사람을 보신지라 2제자들이 물어 이르되 랍비여
이 사람이 맹인으로 난 것이 누구의 죄로 인함이니이까 자기니이까 그의 부모니이까 3예수께
서 대답하시되 이 사람이나 그 부모의 죄로 인한 것이 아니라 그에게서 하나님이 하시는 일을
나타내고자 하심이라 4때가 아직 낮이매 나를 보내신 이의 일을 우리가 하여야 하리라 밤이 오
리니 그 때는 아무도 일할 수 없느니라 5내가 세상에 있는 동안에는 세상의 빛이로라

맹인의 눈을 뜨게 하시다

6이 말씀을 하시고 땅에 침을 뱉어 진흙을 이겨 그의 눈에 바르시고 7이르시되 실로암 못에 가
서 씻으라 하시니 (실로암은 번역하면 보냄을 받았다는 뜻이라) 이에 가서 씻고 밝은 눈으로 왔
더라 8이웃 사람들과 전에 그가 걸인인 것을 보았던 사람들이 이르되 이는 앉아서 구걸하던 자
가 아니냐 9어떤 사람은 그 사람이라 하며 어떤 사람은 아니라 그와 비슷하다 하거늘 자기 말은
내가 그라 하니 10그들이 묻되 그러면 네 눈이 어떻게 떠졌느냐 11대답하되 예수라 하는 그 사
람이 진흙을 이겨 내 눈에 바르고 나더러 실로암에 가서 씻으라 하기에 가서 씻었더니 보게 되
었노라 12그들이 이르되 그가 어디 있느냐 이르되 알지 못하노라 하니라

중심내용

예수님은 날 때부터 맹인 된 한 사람을 고치심으로써 자신이 이 세상에 빛으로 오셨음을 보여주셨습니다. 하지만 사람들은 정죄하고 논쟁하기만 좋아할 뿐 눈 뜬 맹인을 보고도 믿지 않을 만큼 완고했습니다. '날 때부터' 맹인 된 한 사람이 있습니다. 그에게 빛이란 존재해본 적 없는 미지일 뿐이며, 세상은 온통 흑암뿐인 공간입니다. 그는 동정과 화제의 대상일 뿐 교제의 대상은 아니었습니다. 이것은 살았으나 죽은 것이나 다름없는, 하나님을 떠난 인류의 자화상입니다. 마치 창조 전 혼돈과 공허와 흑암의 세상을 연상케 합니다(창 1:2). 예수님이 '보셨지만' '보기에 심히 좋았다'고 말할 수 없는 상태였습니다. 하지만 창조의 말씀이신 예수님이 흙으로 사람을 처음 창조하시듯, 침을 뱉어 진흙을 이겨 맹인의 눈에 바르십니다. 단순히 눈을 고치는 데 그치지 않고 새 창조하시려는 의지를 보여주는 행동입니다. '바르다'가 '기름을 붓다'라는 단어인 것은 이것이 그를 '종'으로 삼는 의식임을 보여줍니다. 특히 '보냄을 받았다'라는 이름의 실로암 못에 가서 '물'로 씻게 하신 것은, 그가 성령으로 거듭나서 예수님처럼 '보냄을 받은 자'가 될 것을 암시합니다.

오늘의 묵상

예수님은 어떤 분입니까?

2,3절 맹인으로 태어난 것은 부모의 죄나 그 맹인의 죄 때문이 아니라고 하십니다. 도리어 예수님은 맹인 된 원인보다는 그 맹인을 통해 이루실 하나님의 목적에 주목하십니다. 고난의 이유를 항상 알 수 있는 건 아닙니다. 하지만 아무리 고통스러운 현실이라도 주의 뜻을 이루는 선한 공간이 될 수 있다는 것은 믿을 수 있습니다. 때로는 우리가 이해할 수 없는 고난이 하나님의 영광을 드러내는 선한 도구가 될 수 있습니다.

내게 주시는 교훈은 무엇입니까?

8-12절 전에 맹인이며 구걸하던 자가 온전해진 것을 보고 자기 눈을 의심하는 사람들에게, 그 사람은 '예수께서 하신 말씀'(7절)을 그대로 전합니다. 그가 예수님을 충분히 알고 있는 것은 아니었지만, 벌써부터 '보내심을 받은 자'처럼 예수님의 말씀과 행사를 증거하는 제자로 살고 있는 것입니다. 그는 눈만 뜬 것이 아니라 영혼의 눈도 열려, 혹독한 대가를 감수하고라도(22절) 눈 뜨게 하신 분을 증거하는 제자로 거듭나고 있었습니다. 내게도 이런 변화, 이런 증언이 있습니까? 이제 보냄받은 곳에서 주의 빛으로 살기를 기도합시다.

오늘의 적용 묵상한 말씀을 오늘 내 삶에 어떻게 실천할지 적어봅시다.

오늘의 감사 하나님의 은혜를 돌아보며 감사할 제목을 기록해봅시다.

1.

2.

3.

오늘의 기도 적용한 내용을 구체적으로 기도하고 마무리합니다.

E100 성경읽기 마가복음 5:1-20

14 광인을 온전케 하시는 예수님

기도 진리이신 주의 말씀 안에 거하여 나를 얽어매려는 모든 근심과 속박에서 자유하게 하소서.

성경읽기 막 5:1-15

광인을 만나다

1예수께서 바다 건너편 거라사인의 지방에 이르러 2배에서 나오시매 곧 더러운 귀신 들린 사람
이 무덤 사이에서 나와 예수를 만나니라 3그 사람은 무덤 사이에 거처하는데 이제는 아무도 그
를 쇠사슬로도 맬 수 없게 되었으니 4이는 여러 번 고랑과 쇠사슬에 매였어도 쇠사슬을 끊고 고
랑을 깨뜨렸음이러라 그리하여 아무도 그를 제어할 힘이 없는지라 5밤낮 무덤 사이에서나 산
에서나 늘 소리 지르며 돌로 자기의 몸을 해치고 있었더라

광인을 온전케 하다

6그가 멀리서 예수를 보고 달려와 절하며 7큰 소리로 부르짖어 이르되 지극히 높으신 하나님의
아들 예수여 나와 당신이 무슨 상관이 있나이까 원하건대 하나님 앞에 맹세하고 나를 괴롭히
지 마옵소서 하니 8이는 예수께서 이미 그에게 이르시기를 더러운 귀신아 그 사람에게서 나오
라 하셨음이라 9이에 물으시되 네 이름이 무엇이냐 이르되 내 이름은 군대니 우리가 많음이니
이다 하고 10자기를 그 지방에서 내보내지 마시기를 간구하더니 11마침 거기 돼지의 큰 떼가 산
곁에서 먹고 있는지라 12이에 간구하여 이르되 우리를 돼지에게로 보내어 들어가게 하소서 하
니 13허락하신대 더러운 귀신들이 나와서 돼지에게로 들어가매 거의 이천 마리 되는 떼가 바다
를 향하여 비탈로 내리달아 바다에서 몰사하거늘 14치던 자들이 도망하여 읍내와 여러 마을에
말하니 사람들이 어떻게 되었는지를 보러 와서 15예수께 이르러 그 귀신 들렸던 자 곧 군대 귀
신 지폈던 자가 옷을 입고 정신이 온전하여 앉은 것을 보고 두려워하더라

중심내용

광풍을 이기신(4:35-41) 예수님을 기다린 것은 귀신 들린 '광인'이었습니다. 예수님은 귀신 들려 하나님의 형상이 완전히 파괴된 채 고립되어 살던 한 사람을 구원하시고 회복해주셨습니다. 쇠사슬과 고랑만이 그를 통제할 수 있을 만큼 철저히 인간됨을 상실한 사람을 주의 발아래 앉는 자로 회복시켜주셨습니다. '광야'에서도 '하나님의 아들'로 부르며 시험하던 귀신이 이번에도 광인을 통해 또다시 예수님을 시험하려 하였습니다. 하지만 예수님은 한 인간을 짐승만도 못하게 만든 비정하고 잔인한 귀신들의 칭송을 거절하셨습니다. 지금도 사탄은 불의한 제도와 문화와 가치관을 통해 인간이 인간을 학살하고 유린하고 착취하게 하고 있습니다. 귀신 들린 한 비참한 사람을 구원하신 사건을 통해, 예수님은 자기 백성에게 자유와 안식을 주시며 긍휼과 큰 권세를 가진 분임을 증거하십니다.

오늘의 묵상

예수님은 어떤 분입니까?

6-8절 귀신은 예수님을 '지극히 높으신 하나님의 아들'로 인정하고 소리쳐 고백했지만, 주님은 그들을 인정하지 않으십니다. 하나님이 사랑하시는 한 인간을 짐승처럼 만들어놓은 귀신의 고백이기 때문입니다. 사랑 없는 지식과 고백과 예배를 향해 오늘도 주님은 손사래를 치십니다. 우리도 주님처럼, 누군가를 희생시킨 대가로 누리는 것이라면, 그것이 아무리 대단한 것이라 해도 거절할 줄 알아야 합니다. 내가 살려고 누군가의 희생에 눈감는 것은 모두가 죽는 길이지만, 예수님처럼 자신이 죽어서 누군가를 살리려고 할 때는 모두 다 살 것입니다.

내게 주시는 교훈은 무엇입니까?

1-5절 '군대'라는 이름의 더러운 귀신이 들린 광인은 아무도 제어할 수 없을 만큼 막강했지만, 그 힘을 타인과 자신을 망가뜨리는 데만 사용했습니다. 이것이 죄로 인해 하나님 형상을 잃고 주의 영이 떠난 인간의 실존입니다. '힘'을 우상처럼 숭배하지만, 그 힘의 노예가 되어 파괴적인 관계를 맺으면서 죽은 거나 다름없이 지냅니다. 말씀에 매이고 성령에 충만하여 살지 않으면, 정도의 차이가 있을 뿐 누구든 가련한 욕망의 노예로 살게 됩니다.

오늘의 적용 묵상한 말씀을 오늘 내 삶에 어떻게 실천할지 적어봅시다.

오늘의 감사 하나님의 은혜를 돌아보며 감사할 제목을 기록해봅시다.

1.

2.

3.

오늘의 기도 적용한 내용을 구체적으로 기도하고 마무리합니다.

E100 성경읽기 요한복음 11:1–57

15 부활이요 생명이신 예수님

기도 주여, 우리의 믿음이 말씀의 자양분을 머금어 바르고 건강하게 자랄 수 있도록 도와주십시오.

성경읽기 요 11:17–27

나사로의 죽음과 사람들의 조문

17예수께서 와서 보시니 나사로가 무덤에 있은 지 이미 나흘이라 18베다니는 예루살렘에서 가
깝기가 한 오리쯤 되매 19많은 유대인이 마르다와 마리아에게 그 오라비의 일로 위문하러 왔
더니

부활을 약속하며 위로하시다

20마르다는 예수께서 오신다는 말을 듣고 곧 나가 맞이하되 마리아는 집에 앉았더라 21마르다
가 예수께 여짜오되 주께서 여기 계셨더라면 내 오라비가 죽지 아니하였겠나이다 22그러나 나
는 이제라도 주께서 무엇이든지 하나님께 구하시는 것을 하나님이 주실 줄을 아나이다 23예수
께서 이르시되 네 오라비가 다시 살아나리라 24마르다가 이르되 마지막 날 부활 때에는 다시
살아날 줄을 내가 아나이다

예수님의 선언과 마르다의 고백

25예수께서 이르시되 나는 부활이요 생명이니 나를 믿는 자는 죽어도 살겠고 26무릇 살아서 나
를 믿는 자는 영원히 죽지 아니하리니 이것을 네가 믿느냐 27이르되 주여 그러하외다 주는 그
리스도시오 세상에 오시는 하나님의 아들이신 줄 내가 믿나이다

중심내용

예루살렘의 많은 사람들이 죽은 나사로의 집을 방문하여 위로했습니다. 하지만 죽은 지 나흘이나 지나 죽음의 현실이 뒤바뀔 수 없는 지금 그의 누이 마르다와 마리아에게 조문객들의 어떤 말도 참되고 궁극적인 위로는 되지 못했습니다. 나사로의 소식을 들은 예수님은 그가 죽은 지 나흘이나 지나서야 베다니 근처에 도착하셨습니다. 예수님이 오신다는 소식을 듣고 마중 나온 마르다는 '무엇이든' 예수님이 구하시는 것은 하나님이 다 주신다고 말할 만큼 예수님과 하나님의 긴밀한 관계를 신뢰했지만, 오라비를 살리시는 일만은 지금 하실 수 없고 마지막 날에야 가능하다며 그 능력을 제한합니다. 하나님의 아들이신 예수님을 자기 지식, 자기 신학, 자기 경험으로 축소시킨 것입니다. 하지만 예수님은 자신이 부활이요 생명임을 선포하십니다. 그리고 나사로의 부활을 약속하고 위로하시며 믿음을 촉구하십니다. 우리에게도 부활신앙은 모든 것을 마지막 날로 넘기는 신앙이 아닙니다. 오늘 부활의 주께서 십자가의 길을 걷는 우리에게 임마누엘 하셔서 돕고 용기와 힘을 주신다고 믿는 것이 참된 부활 신앙입니다.

오늘의 묵상

예수님은 어떤 분입니까?

25-27절 부활이요 생명이십니다. 주를 믿는 자는 죽어도 살겠고, 무릇 살아서 믿는 자는 영원히 죽지 않으리라고 하십니다. 이것을 믿습니까? 믿는다면 죽음으로 위협하는 사탄에게, 세상의 불의한 요구에, 더러운 이익에 내 생명을 넘겨주지 맙시다. 그들의 무기인 사망을 그리스도께서 무력하게 하셨으니(고전 15:55-57) 두려워하지 맙시다. 부활의 소망이 확실하기에, 세상과 타협하지 않고 고난을 인내하는 우리의 삶도 결코 헛되지 않을 것입니다.

내게 주시는 교훈은 무엇입니까?

20, 21절 마르다는 즐거이 나가 마중할 만큼 예수님을 사랑했고, 그분께는 나사로를 충분히 살릴 수 있을 만큼 능력이 있으시다는 것도 믿었습니다. 하지만 자신이 원하는 때에 '여기 계시지 않은' 이유는 헤아리지 못했습니다. 참 믿음은 그분의 능력뿐 아니라 내 기대와 예측을 뛰어넘는 그분의 지혜와 선한 섭리까지도 신뢰하는 것입니다. "주께서 여기 계셨더라면"이라고 원망 섞인 아쉬움을 토로하고 싶지 않습니까? 내가 몰랐을 뿐 한 순간도 나를 혼자 버려두지 않으셨다는 것을 믿읍시다.

오늘의 적용 묵상한 말씀을 오늘 내 삶에 어떻게 실천할지 적어봅시다.

오늘의 감사 하나님의 은혜를 돌아보며 감사할 제목을 기록해봅시다.

1.

2.

3.

오늘의 기도 적용한 내용을 구체적으로 기도하고 마무리합니다.

E100 성경읽기 누가복음 22:1-46

16 유월절 만찬과 새 언약

기도 주여, 나의 묵상이 냉랭한 가슴으로 차가운 문자만 상대하다가 끝나는 작업이 되지 않도록 도와주소서.

성경읽기 눅 22:14-23

유월절 마지막 만찬

14때가 이르매 예수께서 사도들과 함께 앉으사 15이르시되 내가 고난을 받기 전에 너희와 함께
이 유월절 먹기를 원하고 원하였노라 16내가 너희에게 이르노니 이 유월절이 하나님의 나라에
서 이루기까지 다시 먹지 아니하리라 하시고 17이에 잔을 받으사 감사 기도하시고 이르시되 이
것을 갖다가 너희끼리 나누라 18내가 너희에게 이르노니 내가 이제부터 하나님의 나라가 임할
때까지 포도나무에서 난 것을 다시 마시지 아니하리라 하시고

주의 피로 세우는 새 언약

19또 떡을 가져 감사 기도하시고 떼어 그들에게 주시며 이르시되 이것은 너희를 위하여 주는
내 몸이라 너희가 이를 행하여 나를 기념하라 하시고 20저녁 먹은 후에 잔도 그와 같이 하여 이
르시되 이 잔은 내 피로 세우는 새 언약이니 곧 너희를 위하여 붓는 것이라 21그러나 보라 나
를 파는 자의 손이 나와 함께 상 위에 있도다 22인자는 이미 작정된 대로 가거니와 그를 파는
그 사람에게는 화가 있으리로다 하시니 23그들이 서로 묻되 우리 중에서 이 일을 행할 자가 누
구일까 하더라

중심내용

예수님은 유월절 식사(14-18절)와 새 언약을 기념하는 식사(19, 20절)를 통해, 정치적 구원을 갈망하는 제자들에게 자신의 죽음이 유월절의 참 의미를 실현하는 것임을 가르치십니다. '때가 이르자'(14절) 예수님은 최후의 유월절 만찬을 행하십니다. 물론 일차적으로는 식사 시간이 되었다는 뜻이지만, 이 만찬의 중요성을 고려할 때 이것은 아버지의 때를 살아오신 예수님의 순종을 강조하는 표현도 될 것입니다. '이때'는 예수님 스스로 마련한 시점이 아니라, 하나님께서 창세로부터 진행해 오신 하나님 나라 계획이 절정에 이른 성취의 때를 가리킵니다. 예수님은 이때를 기다리셨고 이 만찬을 간절히 원하셨습니다. 이제 더는 유월절 만찬도 없을 것이고 예수님도 제자들 곁에 계실 수 없기 때문입니다. 출애굽을 앞두고 제정하신 이 유월절 규례는, 이제 곧 다가올 '새 출애굽 사건'인 예수님의 죽음과 부활과 함께 그림자로서의 역할을 다하고 사라질 것입니다. 그리고 제자들은 새 언약 관계로 우리를 불러주신 예수님의 살과 피를 기념하는 성만찬을 하게 될 것입니다. 예수님의 죽음은 새로운 하나님 나라를 세우는 일이기에, 지금 이 희생의 참 의미를 믿고 참여한 자들은 영원한 나라의 잔치에도 참여하게 하실 것입니다.

오늘의 묵상

예수님은 어떤 분입니까?

14절 '때가 이르자' 예수께서는 사도들과 최후의 유월절 만찬을 행하십니다. 마지막이 가까이 다가올수록 더욱 행동 하나하나, 말씀 한마디 한마디까지 아버지께 시선을 맞추고 그분의 뜻에 따라서만 살려고 하셨습니다. 창조 전에 세우신 구속의 경륜(뜻)을 이루기 위해서 아버지의 '때'를 이루며 사셨습니다. 때를 구하며 하늘의 속도를 따라 살지 않고, 하늘 아버지보다 더 바쁘게 서두르는 삶에서는 아버지의 영광은 없고 내 영광만 드러날 것입니다.

19,20절 예수님은 자신의 몸과 피를 내어주심으로 깨어진 언약을 회복하시고, 인간을 하나님과 다시 화목케 하셨습니다. 자신 안에서 하나님과 사람, 사람과 사람이 함께 먹고 마시는 한 가족이 되게 하셨습니다. 분열과 갈등으로 뒤덮인 이 땅에 죽음을 통해 생명과 하나 됨과 안식을 낳은 이 예수님의 희생적인 사랑의 기적이 성만찬에 참여하는 우리에게 임하도록 기도합시다.

내게 주시는 교훈은 무엇입니까?

21–23절 한 제자가 배반할 것이라는 소식을 들은 제자들은 놀라며 의논하지만, 정작 유다는 누굴 말하는지 알면서도 뉘우치지 않고 잠잠합니다. 자신을 팔려고 궁리하는 자가 '바로 너다'하시며 주께서 도전해 오신다면, 어서 죄를 실토하고 돌이켜서 신앙 양심을 회복하게 해달라고 간구합시다.

오늘의 적용 묵상한 말씀을 오늘 내 삶에 어떻게 실천할지 적어봅시다.

오늘의 감사 하나님의 은혜를 돌아보며 감사할 제목을 기록해봅시다.

1.
2.
3.

오늘의 기도 적용한 내용을 구체적으로 기도하고 마무리합니다.

E100 성경읽기 요한복음 18:1-40

17 예수님의 체포와 제자들의 안전

기도 주의 말씀이 내 느낌과 필요와 만족을 위한 이용의 대상이 아닌 수용과 순종의 대상임을 알게 하소서.

성경읽기 요 18:1-11

기드론 시내 건너편으로 가시다

1예수께서 이 말씀을 하시고 제자들과 함께 기드론 시내 건너편으로 나가시니 그 곳에 동산이
있는데 제자들과 함께 들어가시니라 2그 곳은 가끔 예수께서 제자들과 모이시는 곳이므로 예
수를 파는 유다도 그 곳을 알더라

스스로 자신의 정체를 밝히시다

3유다가 군대와 대제사장들과 바리새인들에게서 얻은 아랫사람들을 데리고 등과 횃불과 무기
를 가지고 그리로 오는지라 4예수께서 그 당할 일을 다 아시고 나아가 이르시되 너희가 누구를
찾느냐 5대답하되 나사렛 예수라 하거늘 이르시되 내가 그니라 하시니라 그를 파는 유다도 그
들과 함께 섰더라 6예수께서 그들에게 내가 그니라 하실 때에 그들이 물러가서 땅에 엎드러지
는지라 7이에 다시 누구를 찾느냐고 물으신대 그들이 말하되 나사렛 예수라 하거늘 8예수께서
대답하시되 너희에게 내가 그니라 하였으니 나를 찾거든 이 사람들이 가는 것은 용납하라 하
시니 9이는 아버지께서 내게 주신 자 중에서 하나도 잃지 아니하였사옵나이다 하신 말씀을 응
하게 하려 함이러라

베드로의 만용과 예수님의 만류

10이에 시몬 베드로가 칼을 가졌는데 그것을 빼어 대제사장의 종을 쳐서 오른편 귀를 베어버리
니 그 종의 이름은 말고라 11예수께서 베드로더러 이르시되 칼을 칼집에 꽂으라 아버지께서 주
신 잔을 내가 마시지 아니하겠느냐 하시니라

중심내용

예수님은 배신한 제자 유다를 앞세워 검과 몽치로 무장하고 찾아온 자들에게 순순히 붙잡히십니다. 이 체포는 제자를 매수하여 은신처를 알아내고, 군호를 짜서 예수를 실수 없이 찾아내며, 무리가 없는 밤중을 틈타 중무장한 군대를 동원한 기발한 모략의 승리가 아닙니다. 하늘 뜻에 따르려는 예수님의 단순한 순종의 결과였습니다. 예수님은 스스로 자신의 정체를 밝히십니다. 예수님의 정체를 드러낸 것은 등이나 횃불도 아니고 가룟 유다도 아니었습니다. 기다렸다는 듯이 예수님께서 친히 죽음을 향해 나아가신 것입니다. 그것이 자기 백성을 구원할 길이요, 자신과 아버지를 영화롭게 하는 길임을 아셨기 때문입니다. 예수님은 자신의 안위가 아닌 제자들의 안전을 먼저 요청하셨고, 칼을 든 베드로의 만용을 충성스럽고 용기 있다고 칭찬하지 않으시고 책망하셨습니다.

오늘의 묵상

예수님은 어떤 분입니까?

8,9절 양들을 위해 목숨을 버리시는 참 목자이십니다. 하나님께 자기 양들의 안전을 간구하셨을 뿐 아니라(17:11, 12) 그들과 함께 있는 동안은 끝까지 제자들의 안전을 살펴주십니다. 자신의 순종이 자기 기도에 대한 첫 번째 응답이 되게 하신 것입니다. 이 주님이 우리와 동행하시니 염려하거나 두려워하지 맙시다. 다른 아무것에도 내 안전을 맡기지 맙시다.

내게 주시는 교훈은 무엇입니까?

1-3절 유다는 스승과 동료들과 하나 됨의 친교를 나누던 공간을 배반의 장소로 둔갑시켰습니다. 메시아를 먼저 알아보고 경배해야 마땅했던 대제사장들과 바리새인들 역시 무장한 사람들을 동원하여 메시아를 잡으러 왔습니다. 십자가의 주님을 알아보지 못한다면, 또 그분을 따를 맘이 없다면, 주님은 교회에서 내가 맡은 직분과 성경 지식과 묵상한 횟수를 묻지 않으실 것입니다.

오늘의 적용 묵상한 말씀을 오늘 내 삶에 어떻게 실천할지 적어봅시다.

오늘의 감사 하나님의 은혜를 돌아보며 감사할 제목을 기록해봅시다.

1.

2.

3.

오늘의 기도 적용한 내용을 구체적으로 기도하고 마무리합니다.

18 십자가 위의 예수님

기도 날마다 묵상과 기도로 주의 뜻과 때를 물으며 살도록 도와주소서.

성경읽기 요 19:17-27

십자가에 못 박히시다

17그들이 예수를 맡으매 예수께서 자기의 십자가를 지시고 해골(히브리 말로 골고다)이라 하
는 곳에 나가시니 18그들이 거기서 예수를 십자가에 못 박을새 다른 두 사람도 그와 함께 좌우
편에 못 박으니 예수는 가운데 있더라 19빌라도가 패를 써서 십자가 위에 붙이니 나사렛 예수
유대인의 왕이라 기록되었더라 20예수께서 못 박히신 곳이 성에서 가까운 고로 많은 유대인이
이 패를 읽는데 히브리와 로마와 헬라 말로 기록되었더라 21유대인의 대제사장들이 빌라도에
게 이르되 유대인의 왕이라 쓰지 말고 자칭 유대인의 왕이라 쓰라 하니 22빌라도가 대답하되
내가 쓸 것을 썼다 하니라

십자가에 못 박히신 예수를 조롱하다

23군인들이 예수를 십자가에 못 박고 그의 옷을 취하여 네 깃에 나눠 각각 한 깃씩 얻고 속옷도
취하니 이 속옷은 호지 아니하고 위에서부터 통으로 짠 것이라 24군인들이 서로 말하되 이것을
찢지 말고 누가 얻나 제비 뽑자 하니 이는 성경에 그들이 내 옷을 나누고 내 옷을 제비 뽑나이
다 한 것을 응하게 하려 함이러라 군인들은 이런 일을 하고

제자에게 어머니를 부탁하시다

25예수의 십자가 곁에는 그 어머니와 이모와 글로바의 아내 마리아와 막달라 마리아가 섰는지
라 26예수께서 자기의 어머니와 사랑하시는 제자가 곁에 서 있는 것을 보시고 자기 어머니께
말씀하시되 여자여 보소서 아들이니이다 하시고 27또 그 제자에게 이르시되 보라 네 어머니라
하신대 그 때부터 그 제자가 자기 집에 모시니라

중심내용

예수님은 친히 골고다로 십자가를 지고 가시고 거기서 못 박히십니다. 그분의 옷은 제비 뽑아 병사들이 나눠 갖고(시 22:18), 그렇게 순종한 하나님의 아들의 머리 위에는 '유대인의 왕'이라는 명패가 달립니다. 빌라도는 예수님의 십자가에 히브리어, 라틴어, 헬라어로 '나사렛 예수 유대인의 왕'이라고 써서 붙이라고 명령합니다. 예수님의 무죄를 확신했기에 '자칭 유대인의 왕'이라고 쓰라는 대제사장들의 요구를 거절합니다. 죄목을 적은 팻말이 아니라 이름을 적은 팻말로 달게 한 것입니다. 예수님은 때가 이르기 전에는 어머니께 "여자여 나와 무슨 상관이 있나이까?"(2:4)라고 하셨지만, 이제 십자가 위에서는 "여자여 보소서 아들(요한)이니이다"라고 하시며, 요한에게 마리아를 부탁하십니다. 단순히 스승의 어머니로서가 아니라, 십자가를 통해 새로운 하나님 나라 가족의 일원으로 마리아를 돌봐달라는 당부일 것입니다.

오늘의 묵상

예수님은 어떤 분입니까?

17, 18절 예수님은 '친히' '자기의 십자가'를 지신 채 죽은 자들이 가득한 골고다로 오르시고, 거기서 다른 두 사람과 함께 십자가에 못 박히셨습니다. 아무 죄 없으신 예수님이 죽은 영혼들을 살린 후 아버지와 창세전에 누리셨던 영광을 누리기 위해 거침없이 순종하신 것입니다. 하나님이 허락하신 어려움이라면 내게 맡기신 십자가로 알고 예수님처럼 적극적으로 순종합시다. 내게 주신 십자가를 외면하지 않고 영광의 약속을 믿으며 잘 감당하고 있습니까?

내게 주시는 교훈은 무엇입니까?

25-27절 십자가 밑에까지 따라간 이들이 있었습니다. 예수님은 십자가까지 따라온 자가 참 제자라고 하셨는데, 놀랍게도 거기에는 네 여인과 사랑하는 제자뿐이었습니다. 목숨을 버릴 각오로 따르겠다고 호언장담하던 베드로도 없고, 호산나 찬송하던 무리는 등을 돌려 조롱과 경멸을 보내는 자리에 서 있었습니다. 예수님이 십자가에 달려 계실 때 나는 어디에 있었습니까? 예수님은 내가 속한 교회나 신앙 연륜이 아니라 십자가를 지고 골고다까지 따르고 있는지 묻고 계십니다.

오늘의 적용 묵상한 말씀을 오늘 내 삶에 어떻게 실천할지 적어봅시다.

오늘의 감사 하나님의 은혜를 돌아보며 감사할 제목을 기록해봅시다.

1.

2.

3.

오늘의 기도 적용한 내용을 구체적으로 기도하고 마무리합니다.

E100 성경읽기 요 20:1–21:25

19 네가 나를 사랑하느냐?

기도 진리와 성령을 통해 나를 하나님의 사람으로 빚어가실 성령의 역사를 기대합니다.

성경읽기 요 21:15–25

나를 사랑하느냐?

15그들이 조반 먹은 후에 예수께서 시몬 베드로에게 이르시되 요한의 아들 시몬아 네가 이 사
람들보다 나를 더 사랑하느냐 하시니 이르되 주님 그러하나이다 내가 주님을 사랑하는 줄 주
님께서 아시나이다 이르시되 내 어린 양을 먹이라 하시고 16또 두 번째 이르시되 요한의 아들
시몬아 네가 나를 사랑하느냐 하시니 이르되 주님 그러하나이다 내가 주님을 사랑하는 줄 주
님께서 아시나이다 이르시되 내 양을 치라 하시고 17세 번째 이르시되 요한의 아들 시몬아 네
가 나를 사랑하느냐 하시니 주께서 세 번째 네가 나를 사랑하느냐 하시므로 베드로가 근심하
여 이르되 주님 모든 것을 아시오매 내가 주님을 사랑하는 줄을 주님께서 아시나이다 예수께
서 이르시되 내 양을 먹이라 18내가 진실로 진실로 네게 이르노니 네가 젊어서는 스스로 띠 띠
고 원하는 곳으로 다녔거니와 늙어서는 네 팔을 벌리리니 남이 네게 띠 띠우고 원하지 아니하
는 곳으로 데려가리라 19이 말씀을 하심은 베드로가 어떠한 죽음으로 하나님께 영광을 돌릴 것
을 가리키심이러라 이 말씀을 하시고 베드로에게 이르시되 나를 따르라 하시니

나를 따르라

20베드로가 돌이켜 예수께서 사랑하시는 그 제자가 따르는 것을 보니 그는 만찬석에서 예수의
품에 의지하여 주님 주님을 파는 자가 누구오니이까 묻던 자더라 21이에 베드로가 그를 보고
예수께 여짜오되 주님 이 사람은 어떻게 되겠사옵나이까 22예수께서 이르시되 내가 올 때까지
그를 머물게 하고자 할지라도 네게 무슨 상관이냐 너는 나를 따르라 하시더라 23이 말씀이 형
제들에게 나가서 그 제자는 죽지 아니하겠다 하였으나 예수의 말씀은 그가 죽지 않겠다 하신
것이 아니라 내가 올 때까지 그를 머물게 하고자 할지라도 네게 무슨 상관이냐 하신 것이러라
24이 일들을 증언하고 이 일들을 기록한 제자가 이 사람이라 우리는 그의 증언이 참된 줄 아노
라 25예수께서 행하신 일이 이 외에도 많으니 만일 낱낱이 기록된다면 이 세상이라도 이 기록
된 책을 두기에 부족할 줄 아노라

중심내용

예수님은 세 번이나 예수님을 부인한 베드로에게 세 번 나타나셔서 나를 사랑하느냐고 물으십니다. 예수님의 이 오래 참으시는 끈질긴 사랑이 없는 베드로의 사랑 고백은 상상할 수도 없습니다. 세 번의 부인을 통한 철저한 배신에 대해 세 번의 무례한 듯 보이는 질문으로 철저하고 진실한 사랑을 요구하십니다. 베드로는 '주님께서 아신다'고 밖에는 달리 대답할 수 없었습니다. 그 고백이 곧 사랑의 삶을 보장하는 것이 아님을 인정할 수밖에 없었던 것입니다. 하나님의 말씀은 진실합니다. 요한은 더 풍성한 말씀과 기이한 사역이 있었지만, 이 기록만으로도 예수님이 하나님의 아들이심을 믿고 영생을 얻기에 충분하다고 증언합니다.

오늘의 묵상

예수님은 어떤 분입니까?

15–19절 베드로가 사랑한다고 고백할 때마다 양을 치고 먹이라는 '사명'을 주십니다. 그것은 사랑이 없이는 주의 양을 돌볼 수 없다는 뜻이며, 또한 사랑의 고백은 주께서 주신 사명에 충성하는 실천으로만 그 진실성이 증명될 수 있다는 뜻도 될 것입니다. 주를 사랑함이 없이는 진실한 섬김과 사역은 없고, 그것은 거짓 사랑 고백임을 드러내는 것이 되기 때문입니다. 주를 향한 내 사랑 고백은 어떻게 그 진정성이 입증되고 있습니까?

18–23절 제자들에게 각각 다른 삶을 준비하시고 기대하시고 또 친히 빚어가십니다. 베드로는 장차 예수님처럼 자기 목숨을 버려서 양들을 치고 먹이는 목자가 되게 하실 것이고, 요한은 좀 더 오래 살면서 다른 사명을 감당하게 하실 것입니다. 내게 주신 사명이 내게는 가장 적합한 줄 믿읍시다. 곁눈질하거나 비교하지 말고 내 몫의 사명에 충성합시다.

오늘의 적용 묵상한 말씀을 오늘 내 삶에 어떻게 실천할지 적어봅시다.

오늘의 감사 하나님의 은혜를 돌아보며 감사할 제목을 기록해봅시다.

1.

2.

3.

오늘의 기도 적용한 내용을 구체적으로 기도하고 마무리합니다.

E100 성경읽기 사도행전 1:1-11

20 성령의 약속과 증인의 사명

기도 나의 묵상이 하나님과의 살아있는 소통이 되고 영적인 발돋움이 될 수 있도록 도우소서.

성경읽기 행 1:1-11

성령의 약속과 증인의 사명

1데오빌로여 내가 먼저 쓴 글에는 무릇 예수께서 행하시며 가르치시기를 시작하심부터 2그가
택하신 사도들에게 성령으로 명하시고 승천하신 날까지의 일을 기록하였노라 3그가 고난 받
으신 후에 또한 그들에게 확실한 많은 증거로 친히 살아 계심을 나타내사 사십 일 동안 그들에
게 보이시며 하나님 나라의 일을 말씀하시니라 4사도와 함께 모이사 그들에게 분부하여 이르
시되 예루살렘을 떠나지 말고 내게서 들은 바 아버지께서 약속하신 것을 기다리라 5요한은 물
로 세례를 베풀었으나 너희는 몇 날이 못되어 성령으로 세례를 받으리라 하셨느니라 6그들이
모였을 때에 예수께 여쭈어 이르되 주께서 이스라엘 나라를 회복하심이 이 때니이까 하니 7이
르시되 때와 시기는 아버지께서 자기의 권한에 두셨으니 너희가 알 바 아니요 8오직 성령이 너
희에게 임하시면 너희가 권능을 받고 예루살렘과 온 유대와 사마리아와 땅 끝까지 이르러 내
증인이 되리라 하시니라

승천하시는 예수님

9이 말씀을 마치시고 그들이 보는데 올려져 가시니 구름이 그를 가리어 보이지 않게 하더라
10올라가실 때에 제자들이 자세히 하늘을 쳐다보고 있는데 흰 옷 입은 두 사람이 그들 곁에 서
서 11이르되 갈릴리 사람들아 어찌하여 서서 하늘을 쳐다보느냐 너희 가운데서 하늘로 올려 지
신 이 예수는 하늘로 가심을 본 그대로 오시리라 하였느니라

중심내용

누가복음과 사도행전은 한 사람 이방인 개종자를 향한 초대교회의 열정의 산물입니다 누가는 누가복음에 이어 사도행전을 기록함으로 예수님의 구원 사역이 멈추지 않고 계속 진행되고 있음을 보여줍니다(눅 24:44-49) 부활하신 후, 예수님은 제자들에게 하나님 나라를 가르치시고 성령이 임할 때까지 기다려 성령 세례를 받고 주님의 증인으로 살도록 명령하십니다 제자들의 관심은 팔레스틴 땅 이스라엘 나라의 회복이었지만, 예수님의 관심은 땅 끝 이방인들을 포함하는 하나님 나라를 세우는 것이었습니다 예루살렘 중심의 구심운동만 기대했던 제자들은 이제 성령을 받고 계급과 혈통과 영토를 넘어 전 세계로 퍼져나가는 원심운동의 주역이 되어야 했습니다 이를 위해 약속하신 성령이 임할 때까지 기다려야 했습니다 예수님은 제자들이 승천하신 것을 본 그대로 다시 오실 것입니다 성령에 사로잡힌 자들은 하늘을 쳐다보는 자가 아니요, 그분의 약속을 의지하며 하늘의 시각으로 온 땅을 바라보고 모든 이들의 아름다운 발이 되어 복음을 전하는 자들입니다

오늘의 묵상

예수님은 어떤 분입니까?

3절 예수님은 하나님 나라를 도래케 하셨고, 하나님 나라의 왕으로 다스리시며, 하나님 나라의 권능을 펼쳐 보이셨습니다. 이제 성령을 통해 그 나라가 사도들의 순종으로 구현될 때가 왔기에 40일 동안 잘 정리해주십니다. 나와 교회는 이 하나님 나라를 위해 존재합니다. 우리도 예수님처럼 하나님 나라를 잘 가르치고 또 배우며 전하고 있습니까?

내게 주시는 교훈은 무엇입니까?

4, 5절 사도들은 성령이 임하실 때까지 '예루살렘'을 떠나지 말고 기다려야 했습니다. 한때 그들에게 패배와 절망을 안겨준 자리지만, 그 실패와 불순종과 자신의 한계를 부릅뜬 눈으로 응시할 때, 성령님은 그들을 통해 하나님 나라를 견인하실 것입니다. 자기 자신에 대해 절망하고 부인하고 옛 사람을 십자가에 못 박을 때, 성령님은 그를 증인으로 사용하여 하나님 나라 운동에 참여시키실 것입니다. 그러니 가슴이 뜨겁더라도 섣불리 사역에 나서기보다는 시간을 갖고 말씀과 성령으로 조율된 인격과 영성을 함양해야 합니다.

오늘의 적용 묵상한 말씀을 오늘 내 삶에 어떻게 실천할지 적어봅시다.

오늘의 감사 하나님의 은혜를 돌아보며 감사할 제목을 기록해봅시다.

1.

2.

3.

오늘의 기도 적용한 내용을 구체적으로 기도하고 마무리합니다.

E100 성경읽기 사도행전 2:1-47

21 제자들의 성령 충만

기도 성령으로 충만하게 하사 주의 말씀을 잘 알아듣고, 지체와 이웃과 사랑의 소통을 나누며 살게 하소서.

성경읽기 행 2:1-13

오순절 성령 강림

1오순절 날이 이미 이르매 그들이 다 같이 한 곳에 모였더니 2홀연히 하늘로부터 급하고 강한
바람 같은 소리가 있어 그들이 앉은 온 집에 가득하며 3마치 불의 혀처럼 갈라지는 것들이 그들
에게 보여 각 사람 위에 하나씩 임하여 있더니 4그들이 다 성령의 충만함을 받고 성령이 말하게
하심을 따라 다른 언어들로 말하기를 시작하니라

사람들의 반응

5그 때에 경건한 유대인들이 천하 각국으로부터 와서 예루살렘에 머물러 있더니 6이 소리가 나
매 큰 무리가 모여 각각 자기의 방언으로 제자들이 말하는 것을 듣고 소동하여 7다 놀라 신기하
게 여겨 이르되 보라 이 말하는 사람들이 다 갈릴리 사람이 아니냐 8우리가 우리 각 사람이 난
곳 방언으로 듣게 되는 것이 어찌 됨이냐 9우리는 바대인과 메대인과 엘람인과 또 메소보다미
아, 유대와 갑바도기아, 본도와 아시아, 10브루기아와 밤빌리아, 애굽과 및 구레네에 가까운 리
비야 여러 지방에 사는 사람들과 로마로부터 온 나그네 곧 유대인과 유대교에 들어온 사람들
과 11그레데인과 아라비아인들이라 우리가 다 우리의 각 언어로 하나님의 큰 일을 말함을 듣는
도다 하고 12다 놀라며 당황하여 서로 이르되 이 어찌 된 일이냐 하며 13또 어떤 이들은 조롱하
여 이르되 그들이 새 술에 취하였다 하더라

중심내용

예수님께서 약속하신 대로 마가의 다락방에서 10일을 기다린 후 오순절에 성령이 제자들에게 충만히 임했습니다. 그들은 성령을 '다' 받았고 또 '각각' 받았습니다. 오순절은 밀을 처음 수확하여 하나님께 감사 제사를 드리는 절기입니다. 곳곳에 흩어져 있던 유대인들이 이 절기를 지키기 위해 예루살렘에 모여들었을 때 제자들에게 성령이 임하셨습니다(1-5). 예수님이 선포하신 하나님의 나라가 본격적으로 열매를 맺기 시작한 것입니다. 몇 달 전까지만 해도 겁에 질려 있었고, 예수님의 말씀을 잘 이해하지 못했던 제자들이 이제 하나님에 대해 세상의 다른 언어로 말하기 시작하였습니다(7-11). 절기를 지키러 각국에서 온 유대인과 개종한 이방인들은 '갈릴리' 출신의 제자들이 자신들이 살고 있는 지역의 언어로 말하는 것을 듣고 놀랍니다. 이를 통해 하나님은 예수님의 죽음과 부활 사건이 이스라엘을 넘어 전 세계에 그들의 언어로 전파될 시대가 도래하였음을 알려주십니다. 탐욕의 소통(바벨, 창 11장)이 끝나고 사랑의 소통이 열리는 곳이 바로 성령이 다스리는 교회 공동체이고 하나님 나라입니다.

오늘의 묵상

하나님은 어떤 분입니까?

1–3절 율법을 수여하고 언약의 회복을 기념하는 날이요 첫 열매를 수확하는 날인 오순절에, 때를 기다리며 기도하던 120명의 제자들을 성령의 첫 열매로 삼아주셨습니다. 첫 이스라엘과 언약을 맺으실 때처럼(출 19:16–20) 성령이 각 사람에게 임하여, 그들을 새 이스라엘 백성으로, 하나님 나라의 증인으로 삼아주셨습니다. 기도하고 말씀에 순종하여 한 가족 공동체로 결속될 때, 하나님은 우리가 서로 많이 달라도 한 성령으로 충만하게 하여 부활의 증인으로 살게 하십니다. 성령으로 충만할 때 세상 앞에서 예수님만 주로 인정할 수 있고, 주님이 머리 되시는 교회를 세울 수 있습니다.

내게 주시는 교훈은 무엇입니까?

12, 13절 사람들은 다양한 방언을 말하는 제자들을 '새 술에 취했다'고 조롱했습니다. 하지만 그들은 새 복음으로 빚은 성령의 술에 취한 자들이었습니다. 성령의 새 술은 스스로 왕 노릇하고 자기 이름을 내려고 교만과 아집으로 가득 찬 옛 사람을 잊고, 오로지 예수님이 자기 안에서 왕 노릇 하시도록 자기를 부인하는 사람이 되게 합니다. 이기적이고 탐욕스런 말을 그치고 사랑과 격려의 말로 소통하는 사람이 되게 합니다. 이 복음의 술에 취해보지 않으렵니까?

오늘의 적용 묵상한 말씀을 오늘 내 삶에 어떻게 실천할지 적어봅시다.

오늘의 감사 하나님의 은혜를 돌아보며 감사할 제목을 기록해봅시다.

1.

2.

3.

오늘의 기도 적용한 내용을 구체적으로 기도하고 마무리합니다.

E100 성경읽기 사도행전 3:1–4:37

22 구원받을 다른 이름은 없다

기도 성경을 살아계신 하나님의 음성으로 듣고, 내 삶을 형성하고 내 인격을 새롭게 만들어가게 하소서.

성경읽기 행 4:1–12

복음을 거부하고 사도들을 가두다

1사도들이 백성에게 말할 때에 제사장들과 성전 맡은 자와 사두개인들이 이르러 2예수 안에 죽
은 자의 부활이 있다고 백성을 가르치고 전함을 싫어하여 3그들을 잡으매 날이 이미 저물었으
므로 이튿날까지 가두었으나 4말씀을 들은 사람 중에 믿는 자가 많으니 남자의 수가 약 오천
이나 되었더라

다른 이로써는 구원받을 수 없다

5이튿날 관리들과 장로들과 서기관들이 예루살렘에 모였는데 6대제사장 안나스와 가야바와 요
한과 알렉산더와 및 대제사장의 문중이 다 참여하여 7사도들을 가운데 세우고 묻되 너희가 무
슨 권세와 누구의 이름으로 이 일을 행하였느냐 8이에 베드로가 성령이 충만하여 이르되 백성
의 관리들과 장로들아 9만일 병자에게 행한 착한 일에 대하여 이 사람이 어떻게 구원을 받았느
냐고 오늘 우리에게 질문한다면 10너희와 모든 이스라엘 백성들은 알라 너희가 십자가에 못 박
고 하나님이 죽은 자 가운데서 살리신 나사렛 예수 그리스도의 이름으로 이 사람이 건강하게
되어 너희 앞에 섰느니라 11이 예수는 너희 건축자들의 버린 돌로서 집 모퉁이의 머릿돌이 되
었느니라 12다른 이로써는 구원을 받을 수 없나니 천하 사람 중에 구원을 받을 만한 다른 이름
을 우리에게 주신 일이 없음이라 하였더라

중심내용

종교, 정치 당국자들이 누구의 권세로 앉은뱅이를 일으켰는지 묻자, 성령에 충만한 베드로는 하나님께서 죽은 자 가운데서 살리신 나사렛 예수 그리스도의 이름으로 이 사람이 낫게 되었다고 담대히 증언합니다. 제자들은 자신들이 부활하신 예수의 권세로 기적을 일으켰으며, 예수 외에 구원받을 다른 이름이 없다고 말합니다. 개인이나 교회나 사회가 고침을 받고 새롭게 되는 것은 부활하여 왕으로 통치하시는 예수 이름의 권세로만 가능합니다. 나의 회복과 공동체의 건강과 성장은 눈에 보이는 지도자의 권위가 아니라 예수 이름의 권세를 믿는 데 달려 있습니다. 예수님의 부활은 그분을 사형시킨 유대 종교 지도자들의 선고와 형 집행을 무효화하고 불법화하는 하나님의 행동입니다. 그래서 당시 기득권을 누리던 지도자들은 사도들이 부활 소식을 전하는 것을 싫어했습니다. 사도들의 입을 틀어막기 위해 그들이 할 수 있는 일은 죽음의 위협이나 투옥 정도였습니다. 복음이 증거 되는 일에 핍박이 따르는 것은 이상한 일이 아닙니다. 그러니 우리가 구할 것은 박해 없는 순탄한 사역이 아니라, 박해에 굴하지 않는 순전하고 순수한 믿음입니다.

오늘의 묵상

하나님은 어떤 분입니까?

11, 12절 이스라엘이 버린 메시아 예수님을 새로운 하나님 나라의 성전(교회) 모퉁이의 머릿돌로 삼으셨습니다(시 118:22). 이 예수의 이름 외에 구원의 길, 하나님 나라 백성이 되는 길, 하나님의 거처인 성전이 되는 길은 없습니다. 길과 진리와 생명 되신 예수님으로만 하나님을 알 수 있고, 하나님께 나아갈 수 있으며, 하나님의 생명을 누릴 수 있고 하나님의 자녀가 될 수 있습니다.

내게 주시는 교훈은 무엇입니까?

4절 사도들은 갇혔지만 복음은 갇히지 않았습니다. 사도들이 핍박을 받을수록 복음은 더욱 능력을 발휘하여 믿는 사람의 수가 더했습니다. 세상 나라와 권력은 예수님의 통치를 믿고 신뢰하는 자들을 이길 수 없습니다. 교회와 성도가 진정으로 강할 때는 십자가의 길을 따를 때이지, 세상을 힘으로 이길 때가 결코 아닙니다. 세상적인 성공을 복으로 오해하지 않고, 예수의 능력으로 십자가의 삶을 살아내는 것이 진정한 성공이요 복임을 믿습니까? 그때 세상이 우리를 통해 예수님의 참 모습을 보게 될 것입니다.

오늘의 적용 묵상한 말씀을 오늘 내 삶에 어떻게 실천할지 적어봅시다.

오늘의 감사 하나님의 은혜를 돌아보며 감사할 제목을 기록해봅시다.

1.

2.

3.

오늘의 기도 적용한 내용을 구체적으로 기도하고 마무리합니다.

E100 성경읽기 사도행전 6:8–8:8

23 스데반의 순교와 사울의 박해

기도 날마다 성경을 읽으면서 해석과 묵상에서 끝나지 않고, 말씀의 통치를 받는 인격과 삶이 되게 하소서.

성경읽기 행 7:54–8:3

스데반의 증언

54그들이 이 말을 듣고 마음에 찔려 그를 향하여 이를 갈거늘 55스데반이 성령 충만하여 하늘을
우러러 주목하여 하나님의 영광과 및 예수께서 하나님 우편에 서신 것을 보고 56말하되 보라
하늘이 열리고 인자가 하나님 우편에 서신 것을 보노라 한대

스데반의 기도와 죽음

57그들이 큰 소리를 지르며 귀를 막고 일제히 그에게 달려들어 58성 밖으로 내치고 돌로 칠 새
증인들이 옷을 벗어 사울이라 하는 청년의 발 앞에 두니라 59그들이 돌로 스데반을 치니 스데
반이 부르짖어 이르되 주 예수여 내 영혼을 받으시옵소서 하고 60무릎을 꿇고 크게 불러 이르
되 주여 이 죄를 그들에게 돌리지 마옵소서 이 말을 하고 자니라

흩어진 그리스도인들과 박해하는 사울

8:1사울은 그가 죽임 당함을 마땅히 여기더라 그 날에 예루살렘에 있는 교회에 큰 박해가 있어
사도 외에는 다 유대와 사마리아 모든 땅으로 흩어지니라 2경건한 사람들이 스데반을 장사하
고 위하여 크게 울더라 3사울이 교회를 잔멸할 새 각 집에 들어가 남녀를 끌어다가 옥에 넘기
니라

중심내용

스데반은 예수께서 하나님 우편에 서 계신 것을 봅니다. 이것은 예수께서 하늘 법정에 증인으로 나서서 의로운 순교자 스데반을 옹호하고 변호하시는 장면으로 보입니다. 예수님의 죽음을 승리의 부활로 바꾸셨던 하나님께서 스데반의 죽음을 통해서도 당신의 계획을 이루실 것을 보여줍니다. 박해 중에도 신앙을 지킬 수 있고, 순교 중에도 복음은 전진하고, 하나님의 백성들이 넘어져도 하나님 나라는 굳건하게 세워져가는 이유가 여기에 있습니다. 종교 당국자들은 스데반의 설교를 듣고 마음이 찔렸습니다. 그러면 메시아를 죽인 죄를 회개하고 복음을 믿어야 할 텐데, 도리어 이를 갈면서 증오와 적의를 더욱 키웠습니다. 하나님 우편에 서 계신 예수님을 보았다는 말을 신성모독으로 간주하여 스데반을 돌로 쳐 죽였습니다. 결국 스데반은 돌에 맞아 순교하고, 사울은 예수 그리스도를 믿는 교회를 잔멸하기 위해 흩어진 그리스도인들을 잡아 가둡니다.

오늘의 묵상

하나님은 어떤 분입니까?

55, 56, 59, 60절 성령이 충만한 사람 스데반은 하늘이 열리고 인자가 하나님 우편에 서신 것을 보는 특별한 경험을 하였습니다. 그러나 그에게 충만하게 임하신 성령님은 스데반을 위기에서 극적으로 건져주지 않으셨습니다. 하지만 그 성령님 때문에 그는 담대히 말할 수 있었고, 목숨을 하나님께 맡길 수 있었으며, 예수님처럼 자신을 죽이는 자들을 위해 용서를 빌 수 있었습니다. 하나님 나라는 세상을 무릎 꿇리는 위세가 아니라 내가 무릎을 꿇어 기도하고, 잔인하고 살벌한 세상을 향해 사랑으로 '복된 공격'을 가하면서 임하는 성령의 나라입니다.

내게 주시는 교훈은 무엇입니까?

58절, 8:1–3 사울은 스데반의 죽음을 마땅히 여기고 승인하였으며, 교회를 잔멸하는 데 앞장섰습니다. 스데반의 죽음의 증인이요 참여자였던 그가 "이 죄를 그들에게 돌리지 마옵소서"라는 스데반의 기도의 응답으로 복음의 증인이요 참여자로 변할 것입니다. 스데반은 죽고 사울이 살 것입니다. 지금 나의 구원과 변화는 누군가의 오랜 염원과 기도의 응답은 아닐까요?

오늘의 적용 묵상한 말씀을 오늘 내 삶에 어떻게 실천할지 적어봅시다.

오늘의 감사 하나님의 은혜를 돌아보며 감사할 제목을 기록해봅시다.

1.

2.

3.

오늘의 기도 적용한 내용을 구체적으로 기도하고 마무리합니다.

E100 성경읽기 사도행전 8:26-40

24 빌립의 복음 전도

기도 주여, 습관적인 묵상의 껍데기를 벗고 깨달은 대로 기꺼이 순종하게 하소서.

성경읽기 행 8:26-35

빌립과 에디오피아 내시의 만남

26주의 사자가 빌립에게 말하여 이르되 일어나서 남쪽으로 향하여 예루살렘에서 가사로 내려
가는 길까지 가라 하니 그 길은 광야라 27일어나 가서 보니 에디오피아 사람 곧 에디오피아 여
왕 간다게의 모든 국고를 맡은 관리인 내시가 예배하러 예루살렘에 왔다가 28돌아가는데 수레
를 타고 선지자 이사야의 글을 읽더라 29성령이 빌립더러 이르시되 이 수레로 가까이 나아가
라 하시거늘

예수의 복음을 전하는 빌립

30빌립이 달려가서 선지자 이사야의 글 읽는 것을 듣고 말하되 읽는 것을 깨닫느냐 31대답하되
지도해 주는 사람이 없으니 어찌 깨달을 수 있느냐 하고 빌립을 청하여 수레에 올라 같이 앉으
라 하니라 32읽는 성경 구절은 이것이니 일렀으되 그가 도살자에게로 가는 양과 같이 끌려갔
고 털 깎는 자 앞에 있는 어린 양이 조용함과 같이 그의 입을 열지 아니하였도다 33그가 굴욕을
당했을 때 공정한 재판도 받지 못하였으니 누가 그의 세대를 말하리요 그의 생명이 땅에서 빼
앗김이로다 하였거늘 34그 내시가 빌립에게 말하되 청컨대 내가 묻노니 선지자가 이 말한 것이
누구를 가리킴이냐 자기를 가리킴이냐 타인을 가리킴이냐 35빌립이 입을 열어 이 글에서 시작
하여 예수를 가르쳐 복음을 전하니

중심내용

사마리아에서 복음을 전하던 빌립은 믿음과 성령이 충만한 일곱 사람 중 한 명입니다(6:5). 그는 주의 사자의 이끌림을 받아 예루살렘에서 가사로 내려가는 광야 길에서 에티오피아 여왕 의 고관으로서 재정을 담당하는 내시를 만납니다. 내시는 예루살렘을 순례하고 돌아가는 길에 이사야서를 읽고 있었지만, 그 의미를 전혀 깨닫지 못했습니다. 빌립은 그의 영적 갈증을 간파하고, 또 그가 고난 받는 종에 관한 이사야 말씀(사 53:7, 8)을 읽고도 이해하지 못한 것을 알고 그 본문에서 시작하여 예수님에 관한 복음을 전했습니다. 십자가에 못 박힌 예수님이 바로 이사야서에서 언급한, 마치 도살장에 끌려가는 양과 같은 고난 받는 메시아임을 전합니다. 복음의 참 뜻을 깨달은 내시는 세례 받기를 주저하지 않았습니다. 세례를 베푼 후, 빌립은 성령의 지시를 받아 아소도 여러 성에서 복음을 전하고 가이사랴까지 복음의 영역을 넓혀갑니다. 에티오피아 내시의 회심은 지리적, 인종적, 그리고 사회적 경계를 넘어 복음이 땅 끝까지 전해지고 있음을 보여준 상징적인 사건입니다.

오늘의 묵상

하나님은 어떤 분입니까?

26, 27절 주의 사자는 에티오피아 내시에게 어떤 영적인 필요가 있는지를 잘 알고 성령이 충만한 사람 빌립을 그에게로 보냈습니다. 복음의 증인으로 부름받은 우리 모두에게 필요한 것이 바로 이 '영적인 민감함'입니다. 우리가 가고 싶은 곳과 하고 싶은 일을 말하기 전에, 하나님께서 먼저 보시고 먼저 가 계시고 먼저 일하고 계신 곳을 듣고 참여하는 것입니다. 나날이 말씀으로 성령의 인도하심을 따를 때 우리도 적재적소에 쓰임받을 수 있을 것입니다. 주님은 누구를 향해 기도하고 복음을 나누도록 내게 거룩한 부담을 주셨습니까?

내게 주시는 교훈은 무엇입니까?

27, 31, 36절 에티오피아 내시는 이방인이면서 유월절과 오순절을 지키러 예루살렘 순례의 길에 오를 만큼 '열심'이 있었습니다. 오가는 길에 성경을 읽을 만큼 '열성'이 있었습니다. 또 자신의 무지를 인정하고 도움을 청할 만큼 진리를 향한 '열정'도 있었습니다. 빌립에게서 들은 복음을 즉시 수용하고 세례를 요구할 만큼 결단력 있는 사람이었습니다. 진리를 추구하는 마음, 진리를 향해 열린 마음, 진리를 수용하는 마음이 오늘 나에게도 있습니까?

오늘의 적용 묵상한 말씀을 오늘 내 삶에 어떻게 실천할지 적어봅시다.

오늘의 감사 하나님의 은혜를 돌아보며 감사할 제목을 기록해봅시다.

1.

2.

3.

오늘의 기도 적용한 내용을 구체적으로 기도하고 마무리합니다.

E100 성경읽기 사도행전 10:1–11:18

25 베드로의 설교와 성령 강림

기도 주여, 말씀하소서. 주의 종이 전심으로 듣겠습니다.

성경읽기 행 10:34–48

이방인들을 향한 베드로의 설교

34베드로가 입을 열어 말하되 내가 참으로 하나님은 사람의 외모를 보지 아니하시고 35각 나라
중 하나님을 경외하며 의를 행하는 사람은 다 받으시는 줄 깨달았도다 36만유의 주 되신 예수
그리스도로 말미암아 화평의 복음을 전하사 이스라엘 자손들에게 보내신 말씀 37곧 요한이 그
세례를 반포한 후에 갈릴리에서 시작하여 온 유대에 두루 전파된 그것을 너희도 알거니와 38하
나님이 나사렛 예수에게 성령과 능력을 기름 붓듯 하셨으매 그가 두루 다니시며 선한 일을 행
하시고 마귀에게 눌린 모든 사람을 고치셨으니 이는 하나님이 함께 하셨음이라 39우리는 유대
인의 땅과 예루살렘에서 그가 행하신 모든 일에 증인이라 그를 그들이 나무에 달아 죽였으나
40하나님이 사흘 만에 다시 살리사 나타내시되 41모든 백성에게 하신 것이 아니요 오직 미리
택하신 증인 곧 죽은 자 가운데서 부활하신 후 그를 모시고 음식을 먹은 우리에게 하신 것이
라 42우리에게 명하사 백성에게 전도하되 하나님이 살아 있는 자와 죽은 자의 재판장으로 정하
신 자가 곧 이 사람인 것을 증언하게 하셨고 43그에 대하여 모든 선지자도 증언하되 그를 믿는
사람들이 다 그의 이름을 힘입어 죄 사함을 받는다 하였느니라

이방인들에게 임한 성령

44베드로가 이 말을 할 때에 성령이 말씀 듣는 모든 사람에게 내려오시니 45베드로와 함께 온
할례 받은 신자들이 이방인들에게도 성령 부어 주심으로 말미암아 놀라니 46이는 방언을 말하
며 하나님 높임을 들음이러라 47이에 베드로가 이르되 이 사람들이 우리와 같이 성령을 받았으
니 누가 능히 물로 세례 베풂을 금하리요 하고 48명하여 예수 그리스도의 이름으로 세례를 베
풀라 하니라 그들이 베드로에게 며칠 더 머물기를 청하니라

중심내용

고넬료의 집을 방문한 베드로는 요한의 세례로부터 예수 그리스도의 행적과 죽으심과 부활에 관한 복음을 전합니다. 이때 성령께서 그들에게 임하심으로써 유대인만이 아니라 이방인들도 하나님의 구원에 참여하게 되었음을 보여줍니다. 하나님께서는 오순절에 예루살렘의 유대인들에게 내려주신 성령을 이방인 고넬료의 집에도 내려주심으로, 베드로가 전한 복음이 사실이며 복음을 믿고 예수님을 영접하는 이들 위에 예수님의 통치가 임하고 있음을 확증해주셨습니다. 그리고 이 과정에서 베드로의 깨달음은 개인적인 차원에 그치지 않고, 예루살렘 사도 공동체가 이방인 선교에 새로운 방향을 정하는 데 결정적으로 중요한 인식의 전환을 가져다주었습니다. 그는 예수께서 전하시고 선지자도 증언한 복음이 이제 유대인의 경계를 넘어섰음을 선포합니다.

오늘의 묵상

하나님은 어떤 분입니까?

34, 35절 구원을 베풀 사람을 외모로 취하지 않으십니다. 이제 구원은 유대인의 경계를 넘어서 성과 민족과 인종에 상관없이 하나님을 경외하는 마음과 의를 행하는 삶으로 반응한 자들 누구에게나 열려 있습니다. 이 땅의 교회는 외적인 조건을 요구하지 않는 하나님 나라의 특성을 온전히 드러내고 전해야 합니다. 하나님이 헐어버리신 차별의 장벽을 우리 손으로 다시 쌓지 말아야 합니다. 나의 신학적인 전제나 전통이 말씀이나 하나님의 역사에 참여하는 데 장애가 되고 있지는 않습니까?

내게 주시는 교훈은 무엇입니까?

47, 48절 고넬료 사람들의 영적인 회심에 베드로는 교리적인 회심으로 반응합니다. 유대인으로서는 상상도 할 수 없는 일이었지만, 그들에게 세례를 주고 이방인 고넬료의 집에 더 머물러 식탁공동체에 참여합니다. 말씀이 새롭게 나에게 다가올 때 마음을 열고 마음을 바꿀 준비가 되어 있습니까? 예수님의 삶과 사역을 직접 본 베드로에게 더 깨달을 것이 있었다면, 우리가 깨달아야 할 것은 더 많지 않을까요?

오늘의 적용 묵상한 말씀을 오늘 내 삶에 어떻게 실천할지 적어봅시다.

오늘의 감사 하나님의 은혜를 돌아보며 감사할 제목을 기록해봅시다.

1.

2.

3.

오늘의 기도 적용한 내용을 구체적으로 기도하고 마무리합니다.

E100 성경읽기 사도행전 9:1–31

26 사울의 회심

기도 주여, 내 눈을 열어 진리를 보게 하시고, 단순한 순종으로 말씀의 능력을 경험하는 하루 되게 하소서.

성경읽기 행 9:1–12

다메섹에서 예수님을 만나다

1사울이 주의 제자들에 대하여 여전히 위협과 살기가 등등하여 대제사장에게 가서 2다메섹 여
러 회당에 가져갈 공문을 청하니 이는 만일 그 도를 따르는 사람을 만나면 남녀를 막론하고 결
박하여 예루살렘으로 잡아오려 함이라 3사울이 길을 가다가 다메섹에 가까이 이르더니 홀연히
하늘로부터 빛이 그를 둘러 비추는지라 4땅에 엎드러져 들으매 소리가 있어 이르시되 사울아
사울아 네가 어찌하여 나를 박해하느냐 하시거늘 5대답하되 주여 누구시니이까 이르시되 나는
네가 박해하는 예수라 6너는 일어나 시내로 들어가라 네가 행할 것을 네게 이를 자가 있느니라
하시니 7같이 가던 사람들은 소리만 듣고 아무도 보지 못하여 말을 못하고 서 있더라 8사울이
땅에서 일어나 눈은 떴으나 아무 것도 보지 못하고 사람의 손에 끌려 다메섹으로 들어가서 9사
흘 동안 보지 못하고 먹지도 마시지도 아니하니라

아나니아를 사울에게 보내시다

10그 때에 다메섹에 아나니아라 하는 제자가 있더니 주께서 환상 중에 불러 이르시되 아나니
아야 하시거늘 대답하되 주여 내가 여기 있나이다 하니 11주께서 이르시되 일어나 직가라 하
는 거리로 가서 유다의 집에서 다소 사람 사울이라 하는 사람을 찾으라 그가 기도하는 중이니
라 12그가 아나니아라 하는 사람이 들어와서 자기에게 안수하여 다시 보게 하는 것을 보았느
니라 하시거늘

중심내용

십자가에 죽은 예수를 저주받은 자로 여겼던(신 21:22–23) 사울은 그 도를 따르는 이들을 척결하려고 유대인 밀집 지역인 다메섹으로 가는 중이었습니다 스데반의 죽음에 관여했던 때처럼 진리를 향한 바리새적인 열심은 있었지만, 정작 예수님을 오해한 것은 사울 자신이었습니다 예수님은 주의 교회를 진멸하기 위해 살기등등하던 사울을 강력한 빛으로 사로잡으셨습니다 그리고 영광스러운 빛으로 임하신 분의 존재를 묻는 사울의 질문에, 자신이 바로 그가 핍박하고 있는 나사렛 예수임을 밝히십니다 다메섹의 체험 이후 사울은 사흘 동안 아무것도 보지 못하고 식음을 전폐한 채 기도합니다 예수님은 사울의 눈을 직접 여시고 환상 중에 사명을 알려주실 수 있으셨지만 그에게 다메섹의 아나니아를 보내십니다 사울을 주의 공동체에 편입시켜 공동체의 인증과 도움으로 사명을 감당하게 하시려는 배려입니다 참 뛰어난 신학자요 전도자였지만, 사울 역시 공동체의 후원과 기도 없이는 고난이 뒤따르는 복음증거의 사역을 해낼 수 없었기 때문입니다

오늘의 묵상

예수님은 어떤 분입니까?

3–5절 부활하신 예수님은 다메섹 도상에서 사울에게 빛과 소리로 나타나셔서 오만한 그의 거칠 것 없는 질주를 중단시키시고, 그의 옛 자아, 옛 관점, 옛 신학을 분쇄해버리십니다. 그를 통째로 뒤흔들고 깨뜨리고 뒤엎은 하나님 말씀과의 거룩한 충돌이었고, 그로 인한 거룩한 좌절이었습니다. 이런 전격적인 전복, 주님과의 만남이 없이 참 구원은 없습니다. 주님을 만날 때 비로소 인생의 방황은 끝나고, 진정한 나를 찾고 내 소명을 발견하게 될 것입니다.

내게 주시는 교훈은 무엇입니까?

8–12절 자기 신학과 확신에 가득 차 자기 주도의 삶을 살던 사울이 하늘의 빛에 의해 눈이 멀어 사람의 손에 끌려가는 신세로 전락했습니다. 하지만 아무것도 보지 못하고 식음을 전폐한 채 기도하던 다메섹에서의 삼 일은 하나님의 창조를 기다리던 태초의 혼돈처럼, 예수님과 하나님 나라와 성경을 새롭게 이해하기 위한 거룩한 어둠이요 창조적 혼돈이었습니다. 신앙에 깊은 회의가 찾아온 이들에게 따뜻한 격려와 기도와 인내가 필요한 이유가 이것입니다.

오늘의 적용 묵상한 말씀을 오늘 내 삶에 어떻게 실천할지 적어봅시다.

오늘의 감사 하나님의 은혜를 돌아보며 감사할 제목을 기록해봅시다.

1.

2.

3.

오늘의 기도 적용한 내용을 구체적으로 기도하고 마무리합니다.

E100 성경읽기 사도행전 13:1–14:28

27 선교지 재방문과 안디옥 귀환

기도 오늘도 말씀으로 인도받고 사명을 따라 사는 하루 되게 하소서.

성경읽기 행 14:19–28

선교한 곳을 재방문하여 제자들을 격려하다

19유대인들이 안디옥과 이고니온에서 와서 무리를 충동하니 그들이 돌로 바울을 쳐서 죽은 줄
로 알고 시외로 끌어 내치니라 20제자들이 둘러섰을 때에 바울이 일어나 그 성에 들어갔다가
이튿날 바나바와 함께 더베로 가서 21복음을 그 성에서 전하여 많은 사람을 제자로 삼고 루스
드라와 이고니온과 안디옥으로 돌아가서 22제자들의 마음을 굳게 하여 이 믿음에 머물러 있으
라 권하고 또 우리가 하나님의 나라에 들어가려면 많은 환난을 겪어야 할 것이라 하고 23각 교
회에서 장로들을 택하여 금식 기도 하며 그들이 믿는 주께 그들을 위탁하고 24비시디아 가운데
로 지나서 밤빌리아에 이르러 25말씀을 버가에서 전하고 앗달리아로 내려가서

안디옥으로 돌아가 선교 보고를 하다

26거기서 배 타고 안디옥에 이르니 이곳은 두 사도가 이룬 그 일을 위하여 전에 하나님의 은혜
에 부탁하던 곳이라 27그들이 이르러 교회를 모아 하나님이 함께 행하신 모든 일과 이방인들에
게 믿음의 문을 여신 것을 보고하고 28제자들과 함께 오래 있으니라

중심내용

안디옥과 이고니온의 유대인들이 멀리 루스드라까지 와서 사람들을 선동해 바울을 돌로 쳐 죽이려 했습니다 하지만 바울은 원정을 온 유대인들에게 죽을 만큼 맞았으면서도, 이번에는 그들이 기다리고 있는 도시로 들어갑니다 그곳에는 고난을 견디며 복음을 붙잡고 있는 갓 태어난 성도들이 있었기 때문입니다 루스드라의 경험을 통해 사명이 있는 한 부활의 능력이 자신을 지킬 줄 믿었기에, 복음을 전하는 일에 자기 생명을 조금도 아깝게 생각하지 않은 것입니다 바울 일행은 선교한 곳을 다시 방문하여 시련과 환난 중에 있는 성도들에게 믿음을 독려합니다 그리고 새로 시작된 교회들의 안정과 바른 목양을 위해서 교회의 지도자들을 세웁니다 그 후에 자신들을 하나님의 은혜에 부탁하고 파송해준 안디옥 교회로 돌아와 그간의 사역을 보고합니다 오직 하나님이 하신 일, 특히 이방인들에게 믿음의 문을 여신 일을 소개합니다 그리고 오래도록 머물며 파송교회를 돕고 쉼도 누렸습니다

오늘의 묵상

하나님은 어떤 분입니까?

19, 20절 예수님을 죽음에서 일으키신 하나님께서 돌에 맞아 쓰러진 바울을 '일어나게' 하시고 다음 날 곧장 선교여정을 재개하도록 회복시켜주십니다 이 부활의 하나님이 계셨기에, 스데반을 돌로 쳐서 죽이는 일에 가담했던 바울이 돌에 맞아 죽으면서도 복음을 전하는 사람이 될 수 있었습니다 복음에 합당하게 살려는 우리를 지탱하고 책임져주는 분이 계심을 믿고 있습니까? 주를 의지할 때 다른 두려움은 그분이 주신 사명에 자리를 내주고 물러갈 것입니다

내게 주시는 교훈은 무엇입니까?

22, 23절 바울 일행은 선교한 곳을 재방문하여 성도들에게 고난이 닥쳐와도 '믿음에 머물러 있으라'고 권합니다. 하나님 나라에 들어가려면 반드시 고난의 관문을 통과해야 하기 때문입니다. 그러면서도 자신들이 다 책임지려고 하지 않고, 현지에 장로들을 세워서 지속적으로 양육하게 했습니다. 그들은 오로지 그 지도자들을 주께 부탁하기 위해 금식하며 기도할 뿐이었습니다. '양육'과 '위임'과 '기도'의 원리가 우리 공동체에는 어떻게 적용되고 있습니까?

오늘의 적용 묵상한 말씀을 오늘 내 삶에 어떻게 실천할지 적어봅시다.

오늘의 감사 하나님의 은혜를 돌아보며 감사할 제목을 기록해봅시다.

1.

2.

3.

오늘의 기도 적용한 내용을 구체적으로 기도하고 마무리합니다.

E100 성경읽기 사도행전 15:1–41

28 주 예수의 은혜로 받은 구원

기도 그릇된 가르침에서 저를 지켜주시고, 늘 정직한 마음과 열린 마음으로 자신을 점검하게 하소서.

성경읽기 행 15:1–11

안디옥 교회에서 할례 논쟁이 일어나다

1어떤 사람들이 유대로부터 내려와서 형제들을 가르치되 너희가 모세의 법대로 할례를 받지
아니하면 능히 구원을 얻지 못하리라 하니 2바울과 바나바와 저희 사이에 적지 아니한 다툼과
변론이 일어난지라 형제들이 이 문제에 대하여 바울과 바나바와 및 그 중에 몇 사람을 예루살
렘에 있는 사도와 장로들에게 보내기로 작정하니라 3그들이 교회의 전송을 받고 베니게와 사
마리아로 다니며 이방인들이 주께 돌아온 일을 말하여 형제들을 다 크게 기쁘게 하더라

예루살렘 회의에서 할례 문제를 다루다

4예루살렘에 이르러 교회와 사도와 장로들에게 영접을 받고 하나님이 자기들과 함께 계셔 행
하신 모든 일을 말하매 5바리새파 중에 어떤 믿는 사람들이 일어나 말하되 이방인에게 할례를
행하고 모세의 율법을 지키라 명하는 것이 마땅하다 하니라

베드로가 의견을 제시하다

6사도와 장로들이 이 일을 의논하러 모여 7많은 변론이 있은 후에 베드로가 일어나 말하되 형
제들아 너희도 알거니와 하나님이 이방인들로 내 입에서 복음의 말씀을 들어 믿게 하시려고
오래 전부터 너희 가운데서 나를 택하시고 8또 마음을 아시는 하나님이 우리에게와 같이 그들
에게도 성령을 주어 증언하시고 9믿음으로 그들의 마음을 깨끗이 하사 그들이나 우리나 차별
하지 아니하셨느니라 10그런데 지금 너희가 어찌하여 하나님을 시험하여 우리 조상과 우리도
능히 메지 못하던 멍에를 제자들의 목에 두려느냐 11그러나 우리는 그들이 우리와 동일하게 주
예수의 은혜로 구원 받는 줄을 믿노라 하니라

중심내용

유대로부터 내려온 이들과 바리새파 출신 그리스도인은 구원을 받으려면 먼저 할례를 받아야 한다고 주장했습니다. 이것은 오직 하나님의 은혜와 예수 그리스도에 대한 믿음으로 구원을 얻는다고 가르침으로써 이방인들을 주께 돌아오게 한 바울의 사역을 통째로 부정하는 주장이었습니다. 그래서 바울은 다툼과 변론을 마다하지 않았고, 예루살렘 교회가 공식적으로 이 문제를 다뤄주기를 바랐습니다. 예루살렘 회의에 참석하러 가는 도중에도 베니게와 사마리아의 교회를 방문하여 선교보고를 합니다. 이방인들에게도 구원의 문이 열렸다는 소식이 바리새파 그리스도인들에게는 큰 근심이 되었지만, 천대받던 지역의 성도들에게는 큰 기쁨이 되었습니다. 예루살렘 회의에서 베드로는 고넬료와 그의 가족의 회심과 성령강림 사건을 거론하며 이방인들도 유대인들과 동일하게 오직 '주 예수의 은혜'로 구원받는다고 변론합니다.

오늘의 묵상

하나님은 어떤 분입니까?

8-11절 유대인과 이방인을 차별하지 않고 구원하셨습니다. 사람의 마음을 다 아시는 하나님께 그 둘은 차이가 없기 때문입니다. 그래서 모두 믿음으로 마음을 깨끗하게 하셨고, 모두 주 예수의 은혜로 구원을 받게 하셨고, 똑같이 성령을 주셨습니다. 그 밖에 더 요구하는 것은 하나님을 시험하는 일이며, 율법을 고집한다면 그것은 하나님의 은혜를 욕보이는 것이 됩니다(갈 2:21). 오직 자기 가능성에 절망하고 값없이 주신 값비싼 은혜를 믿는 자에게 구원을 주실 것입니다. 그것에 아무것도 더할 수도, 뺄 수도 없습니다.

내게 주시는 교훈은 무엇입니까?

7절 베드로는 하나님께서 하필 자신을 택하여 이방인 백부장 고넬료에게 복음을 전하여 믿게 하신 일에 주목합니다. 유대인 중심의 예루살렘 교회의 중요한 지도자인 자신을 통해 이방인 선교의 문을 처음으로 여신 것은 자신을 연합의 가교로 삼으시려는 뜻이었음을 깨달은 것입니다. 나와 우리 공동체의 지나온 일들을 돌아보며 하나님께서 하시려는 일은 무엇이었는지 또 무엇일지 묵상해봅시다.

오늘의 적용 묵상한 말씀을 오늘 내 삶에 어떻게 실천할지 적어봅시다.

오늘의 감사 하나님의 은혜를 돌아보며 감사할 제목을 기록해봅시다.

1.

2.

3.

오늘의 기도 적용한 내용을 구체적으로 기도하고 마무리합니다.

29 주의 말씀이 이기다

기도 주여, 오직 성경의 권위를 인정하고 성경의 능력을 신뢰하며 말씀 안에 거하게 하소서.

성경읽기 행 19:8–20

말씀과 기적으로 행한 바울의 에베소 사역

8바울이 회당에 들어가 석 달 동안 담대히 하나님 나라에 관하여 강론하며 권면하되 9어떤 사
람들은 마음이 굳어 순종하지 않고 무리 앞에서 이 도를 비방하거늘 바울이 그들을 떠나 제자
들을 따로 세우고 두란노 서원에서 날마다 강론 하니라 10두 해 동안 이같이 하니 아시아에 사
는 자는 유대인이나 헬라인이나 다 주의 말씀을 듣더라 11하나님이 바울의 손으로 놀라운 능력
을 행하게 하시니 12심지어 사람들이 바울의 몸에서 손수건이나 앞치마를 가져다가 병든 사람
에게 얹으면 그 병이 떠나고 악귀도 나가더라

에베소 사역의 도전과 결과

13이에 돌아다니며 마술하는 어떤 유대인들이 시험 삼아 악귀 들린 자들에게 주 예수의 이름을
불러 말하되 내가 바울이 전파하는 예수를 의지하여 너희에게 명하노라 하더라 14유대의 한 제
사장 스게와의 일곱 아들도 이 일을 행하더니 15악귀가 대답하여 이르되 내가 예수도 알고 바
울도 알거니와 너희는 누구냐 하며 16악귀 들린 사람이 그들에게 뛰어올라 눌러 이기니 그들
이 상하여 벗은 몸으로 그 집에서 도망하는지라 17에베소에 사는 유대인과 헬라인들이 다 이
일을 알고 두려워하며 주 예수의 이름을 높이고 18믿은 사람들이 많이 와서 자복하여 행한 일
을 알리며 19또 마술을 행하던 많은 사람이 그 책을 모아 가지고 와서 모든 사람 앞에서 불사
르니 그 책값을 계산한즉 은 오만이나 되더라 20이와 같이 주의 말씀이 힘이 있어 흥왕하여 세
력을 얻으니라

중심내용

바울은 에베소 회당에서 석 달 동안 하나님 나라에 관해 가르쳤습니다. 하지만 회당 사역이 비방을 받자 '두란노'라는 사람의 사설 학원으로 옮겨서 무려 2년 동안이나 '날마다' 말씀을 강론하였습니다. 처음에는 제자양육으로 시작했지만 아시아의 모든 유대인과 헬라인을 망라한 대중사역으로 발전했습니다. 바울의 손을 통해 나타난 권능은 그가 전한 하나님 나라의 복음, 사탄을 이기고 결박하신 예수 그리스도의 통치를 확증해주었습니다. 그런데 마술하는 유대인들과 유대 제사장 스게와의 일곱 아들들은 바울을 모방하려다가 큰 수모와 낭패를 당합니다. 예수에 대한 믿음이 없이 예수를 빙자하여 악귀에게 명령했지만, 악귀가 그들을 비웃었고 악귀 들린 사람의 공격에 벗은 몸으로 도망해야 했습니다. 풍성한 말씀과 땀 흘리는 노동과 하나님의 초자연적인 권능을 통해 가장 격렬하게 복음에 반대하던 에베소는 점점 하나님의 도성으로 변해갔습니다.

오늘의 묵상

내게 주시는 교훈은 무엇입니까?

8, 9절 바울은 에베소 회당에서 석 달 동안 하나님 나라에 대해 담대히 전하고 권면했습니다. 세속 문화와 우상이 지배하는 도시에 예수님만이 왕이라고 선포하고 그분의 통치에 복종하라고 권면했습니다. 하지만 거기에도 자기 왕국을 포기하지 않으려고 이 왕의 소식에 저항하는 이들이 있었습니다. 하나님 나라를 말하고 사는 데는 언제나 '담대함'이 필요합니다. 그렇더라도 우리 공동체는 끊임없이 이 소식을 선포하고 이 나라의 삶을 요청하고 있습니까?

17-20절 에베소에서 주의 말씀은 악을 이기고 하나님 나라를 창조하는 권능의 도구였습니다. 그 권능을 보고 자복하고 회개하는 이들이 생겼고, 직업으로 마술을 행하던 이들이 생계수단까지 버리면서 하나님만이 길흉화복을 주장하는 주권자이심을 인정하였습니다. 에베소에서 복음은 개인뿐 아니라 거룩한 문화변혁까지 이뤄낸 것입니다. 말씀에 사로잡힌 지도자들과 성도들이 많아져서 이 땅에 주의 통치가 편만해지기를 기도합시다.

오늘의 적용 묵상한 말씀을 오늘 내 삶에 어떻게 실천할지 적어봅시다.

오늘의 감사 하나님의 은혜를 돌아보며 감사할 제목을 기록해봅시다.

1.

2.

3.

오늘의 기도 적용한 내용을 구체적으로 기도하고 마무리합니다.

E100 성경읽기 사도행전 25:1–28:31

30 담대하고 거침없는 하나님 나라

기도 주의 말씀이 내 안에서, 말씀을 사랑하고 뜨겁게 기도하고 순종함으로 주의 나라를 이루게 하소서.

성경읽기 행 28:21–31

하나님 나라와 예수를 전하다

21그들이 이르되 우리가 유대에서 네게 대한 편지도 받은 일이 없고 또 형제 중 누가 와서 네
게 대하여 좋지 못한 것을 전하든지 이야기한 일도 없느니라 22이에 우리가 너의 사상이 어떠
한가 듣고자 하니 이 파에 대하여는 어디서든지 반대를 받는 줄 알기 때문이라 하더라 23그들
이 날짜를 정하고 그가 유숙하는 집에 많이 오니 바울이 아침부터 저녁까지 강론하여 하나님
의 나라를 증언하고 모세의 율법과 선지자의 말을 가지고 예수에 대하여 권하더라 24그 말을
믿는 사람도 있고 믿지 아니하는 사람도 있어 25서로 맞지 아니하여 흩어질 때에 바울이 한 말
로 이르되 성령이 선지자 이사야를 통하여 너희 조상들에게 말씀하신 것이 옳도다 26일렀으되
이 백성에게 가서 말하기를 너희가 듣기는 들어도 도무지 깨닫지 못하며 보기는 보아도 도무
지 알지 못하는도다 27이 백성들의 마음이 우둔하여져서 그 귀로는 둔하게 듣고 그 눈은 감았
으니 이는 눈으로 보고 귀로 듣고 마음으로 깨달아 돌아오면 내가 고쳐 줄까 함이라 하였으니
28그런즉 하나님의 이 구원이 이방인에게로 보내어진 줄 알라 그들은 그것을 들으리라 하더라
담대하게 거침없이 가르치다 29(없음) 30바울이 온 이태를 자기 셋집에 머물면서 자기에게 오
는 사람을 다 영접하고 31하나님의 나라를 전파하며 주 예수 그리스도에 관한 모든 것을 담대
하게 거침없이 가르치더라

중심내용

바울은 드디어 로마에 당도했습니다. 거기서 맨 먼저 유대인들에게 복음을 전했습니다. 제국의 중심지 로마에 와서도 '먼저는 유대인에게요'라는 선교원칙을 일관되게 고수합니다. 유대인들은 끊임없이 바울을 죽이려 했지만, 바울은 끊임없이 동족을 사랑했고 살 길을 전해주었습니다. 바울은 2년 동안 가택연금 상태에서 집으로 찾아오는 이들에게 하나님 나라와 예수님에 관한 진리를 담대히 전했습니다. 300년 후에 로마 제국을 복음으로 삼키고 유럽의 문명을 변혁하게 될 하나님 나라 운동은 참으로 소박하고 미미하지만 담대하고 거침없는 바울의 셋집 성경공부에서 시작했습니다. 제국의 궁궐이 아니라 하나님의 말씀이 힘 있게 임하여 인간의 양심을 사로잡고 다스리는 이 미결수의 셋집이 유럽의 문명사적 지도를 바꾸는 하나님 나라 운동의 전초기지가 된 것입니다. 열정적인 말씀묵상과 연구에 성령 충만을 구하는 간절한 기도가 더해지면, 이제 주님은 나와 우리의 작은 모임(공동체)을 통해 사도행전의 남은 부분을 써나가실 것입니다.

오늘의 묵상

내게 주시는 교훈은 무엇입니까?

21-24절 바울은 찾아오는 유대인들에게 아침부터 저녁까지 강론했습니다. 모세의 율법과 선지자의 말을 가지고 예수님을 증거했고, 그를 통한 구속을 믿고 그의 통치에 복종할 때 누릴 수 있는 구원을 소개했습니다. 바울에게서 더 이상 가택연금 중인 미결수의 모습은 찾아볼 수 없습니다. 정말 중요한 것은 전도자들의 학위나 출신이나 배경이 아닙니다. 쾌적한 목회 환경도 아닙니다. 중요한 것은 그들 안에 복음을 향한 불같은 열정과 복음에 대한 명료한 이해와 잃어버린 영혼에 대한 구령의 열정이 있느냐 하는 것입니다.

25-28절 복음을 거절한 유대인들을 향해 바울은 이사야 선지자의 장탄식을 인용하면서(사 6:9, 10) 그들이 거절하면 복음은 이방인에게로 넘어갈 것이라고 경고합니다. 복음이 전해지는 곳에 거절과 반발, 심지어 박해는 꼭 있을 것입니다. 복음이 늘 환영받기만 하지는 않을 것입니다. 그러니 그것이 복음을 전하지 않는 이유가 될 수는 없습니다.

오늘의 적용 묵상한 말씀을 오늘 내 삶에 어떻게 실천할지 적어봅시다.

오늘의 감사 하나님의 은혜를 돌아보며 감사할 제목을 기록해봅시다.

1.

2.

3.

오늘의 기도 적용한 내용을 구체적으로 기도하고 마무리합니다.

E100 성경읽기 로마서 8:1–39

31 하나님의 사랑과 우리의 확신

기도 말씀 안에서 참된 위로와 안식을 누리고, 삶의 방향과 의미를 다시 찾게 하소서.

성경읽기 롬 8:28–39

하나님의 구원 경륜

28우리가 알거니와 하나님을 사랑하는 자 곧 그의 뜻대로 부르심을 입은 자들에게는 모든 것
이 합력하여 선을 이루느니라 29하나님이 미리 아신 자들을 또한 그 아들의 형상을 본받게 하
기 위하여 미리 정하셨으니 이는 그로 많은 형제 중에서 맏아들이 되게 하려 하심이니라 30또
미리 정하신 그들을 또한 부르시고 부르신 그들을 또한 의롭다 하시고 의롭다 하신 그들을 또
한 영화롭게 하셨느니라

우리를 위하시는 하나님

31그런즉 이 일에 대하여 우리가 무슨 말 하리요 만일 하나님이 우리를 위하시면 누가 우리를
대적하리요 32자기 아들을 아끼지 아니하시고 우리 모든 사람을 위하여 내주신 이가 어찌 그 아
들과 함께 모든 것을 우리에게 주시지 아니하겠느냐 33누가 능히 하나님께서 택하신 자들을 고
발하리요 의롭다 하신 이는 하나님이시니 34누가 정죄하리요 죽으실 뿐 아니라 다시 살아나신
이는 그리스도 예수시니 그는 하나님 우편에 계신 자요 우리를 위하여 간구하시는 자시니라

하나님의 사랑과 우리의 확신

35누가 우리를 그리스도의 사랑에서 끊으리요 환난이나 곤고나 박해나 기근이나 적신이나 위
험이나 칼이랴 36기록된 바 우리가 종일 주를 위하여 죽임을 당하게 되며 도살당할 양 같이 여
김을 받았나이다 함과 같으니라 37그러나 이 모든 일에 우리를 사랑하시는 이로 말미암아 우리
가 넉넉히 이기느니라 38내가 확신하노니 사망이나 생명이나 천사들이나 권세자들이나 현재
일이나 장래 일이나 능력이나 39높음이나 깊음이나 다른 어떤 피조물이라도 우리를 우리 주 그
리스도 예수 안에 있는 하나님의 사랑에서 끊을 수 없으리라

중심내용

바울은 우리의 소망이 결코 헛되지 않은 것은 우리를 택하시고 부르시고 의롭다 하시는 하나님께서 우리의 모든 삶이 합력하여 선을 이루게 하실 것이기 때문이라고 말합니다. 우리를 대적할 자가 없고, 우리를 고발할 수도 정죄할 수도 없다고 선언합니다. 이미 하나님께서 그리스도의 죽음으로 우리를 의롭다 하셨고 그리스도의 부활로 사망을 이기셨기 때문입니다. 하나님은 자기 아들을 내어주시기까지 우리를 사랑하십니다. 그분의 사랑이 어찌 큰지 아무도 그 사랑에서 우리를 떼어낼 수 없다고 말합니다. 우리가 도살당할 양 같은 처지에 있어도 이 사랑이 있기에 넉넉히 이길 수 있습니다. 이 사랑이 강권하기에 바울은 죽음을 무릅쓰며 선교를 할 수 있었습니다.

오늘의 묵상

하나님은 어떤 분입니까?

28-30절 하나님은 신자의 구원을 위해 끝까지 일하시고 성취하십니다. 모든 일이 언제나 잘 풀린다는 뜻이 아닙니다. 오히려 겉으로는 일이 순탄치 않아 보일 수 있지만, 결국 신자의 궁극적인 구원을 위해 모든 일을 통제하고 경영하실 것입니다. 미리 정하시고 마지막 날 영광에 이르기까지 모두 책임지십니다. 이 하나님의 넉넉한 가슴에 기대지 않으시렵니까? 주님만 따라가고 있다면 일이 좀 안 풀리더라도 근심할 이유가 없습니다.

내게 주시는 교훈은 무엇입니까?

31, 32절 바울은 우리를 대적할 자가 없다고 말합니다. 사실 바울에게는 무수한 대적자들이 있었지만 아무도 주님을 따라가는 바울의 길을 막을 수 없었습니다. 매로 때리고 돌로 치고 결국 사형을 선고했지만, 그는 주님을 따라 생명 얻는 길을 포기하지 않았습니다. 자기 아들을 내어주기까지 사랑하신 하나님이 함께하셨기 때문입니다. 우리가 가는 인생길에도 이 하나님께서 함께하십니다. 내가 어디로 가든지, 어느 곳에 있든지 늘 함께 계셔서 힘을 주십니다.

오늘의 적용 묵상한 말씀을 오늘 내 삶에 어떻게 실천할지 적어봅시다.

오늘의 감사 하나님의 은혜를 돌아보며 감사할 제목을 기록해봅시다.

1.

2.

3.

오늘의 기도 적용한 내용을 구체적으로 기도하고 마무리합니다.

32

E100 성경읽기 갈라디아서 5:16–6:10

그리스도의 법을 성취하라

기도 성령님, 말씀의 이해와 깨달음을 위해, 수용과 순종을 위해, 변화와 열매를 위해 도우소서.

성경읽기 갈 6:1–10

서로 짐을 지라

1형제들아 사람이 만일 무슨 범죄한 일이 드러나거든 신령한 너희는 온유한 심령으로 그러한
자를 바로잡고 너 자신을 살펴보아 너도 시험을 받을까 두려워하라 2너희가 짐을 서로 지라 그
리하여 그리스도의 법을 성취하라 3만일 누가 아무 것도 되지 못하고 된 줄로 생각하면 스스로
속임이라 4각각 자기의 일을 살피라 그리하면 자랑할 것이 자기에게는 있어도 남에게는 있지
아니하리니 5각각 자기의 짐을 질 것이라

심는 대로 거두리라

6가르침을 받는 자는 말씀을 가르치는 자와 모든 좋은 것을 함께 하라 7스스로 속이지 말라 하
나님은 업신여김을 받지 아니하시나니 사람이 무엇으로 심든지 그대로 거두리라 8자기의 육
체를 위하여 심는 자는 육체로부터 썩어질 것을 거두고 성령을 위하여 심는 자는 성령으로부
터 영생을 거두리라 9우리가 선을 행하되 낙심하지 말지니 포기하지 아니하면 때가 이르매 거
두리라 10그러므로 우리는 기회 있는 대로 모든 이에게 착한 일을 하되 더욱 믿음의 가정들에
게 할지니라

중심내용

바울은 성령의 열매를 맺으며 성령을 따라 사는 삶이 무엇인지 구체적으로 설명합니다. 사랑으로 서로 종노릇하라는 명령(5:13)의 실제적인 예를 보여줍니다. 성령을 따르는 성도들은 죄를 범한 형제를 온유한 마음으로 바로잡아주라고 말합니다. 성령의 도움으로 사안을 잘 분별하고, 온유함으로 죄를 책망하되 사랑은 잃지 않기를 바란 것입니다. 그리고 그리스도의 법을 성취하는 일은 짐을 더하는 일이 아니라 서로 종노릇하며 짐을 나눠 지는 일입니다. 사랑은 이웃을 판단하고 오만한 우월감에 사로잡혀 사는 것이 아니라 겸허한 마음으로 먼저 자기를 돌아보고 자신을 잘 다스리는 일입니다. 특히 스스로 속이지 말라는 권면을 반복하여 강조합니다. 하나님은 결코 속지 않으시고 심는 대로 거두게 하실 것이기 때문입니다. 육체의 정욕대로 이 땅을 위해 산 사람과 성령의 소욕을 따라 그리스도와 복음을 위해 산 사람의 결과는 분명 다를 것입니다. 그리고 가르치는 자의 재정적인 필요를 돌아보며, 그가 말씀을 연구하고 기도하는 일에 전념할 수 있게 도와야 합니다. 또 선을 행하되 낙심하지 말아야 합니다. 선이 늘 당장 좋은 결과를 내는 것은 아니지만 때가 이르면 반드시 열매를 맺을 것이기 때문입니다. 그날에 이르기까지 가르치는 자와 배우는 자, 그리고 공동체 지체들끼리 기회 닿는 대로 서로 착한 일로 믿음을 격려해야 합니다.

오늘의 묵상

내게 주시는 교훈은 무엇입니까?

2-5절 그리스도 안에서 자유를 누리는 성령의 공동체는 자기만의 유익을 구하는 방종의 공동체가 아니라 다른 지체를 위해 서로 짐을 져주는 자발적인 섬김의 공동체입니다. 하지만 그 전에 자신을 돌아보고 자기 한계를 보지 못하면, 위선적인 사람이 되든지 교만한 사람이 될 수 있습니다. '이만하면 됐다' 할 사랑은 없습니다. 이웃을 향한 사랑은 끝이 없고, 그것은 나 자신의 부족함을 인정하는 데서 시작합니다.

9, 10절 성령을 좇아 신령한 일을 심는 일은 십자가를 따라 경건하게 사는 일이고, 그래서 늘 고난이 닥칩니다. 우리가 원할 때에 추수할 수 있는 일도 아닙니다. 그렇더라도 낙심해서는 안 됩니다. 도리어 기회 닿는 대로 더 곤궁한 지체들에게 '착한 일'(경제적 지원)을 하여 그들이 육체의 욕심대로 살지 않게 도와야 합니다. 내가 실제적으로 도움을 줄 수 있는 대상과 그 방법을 생각해봅시다.

오늘의 적용 묵상한 말씀을 오늘 내 삶에 어떻게 실천할지 적어봅시다.

오늘의 감사 하나님의 은혜를 돌아보며 감사할 제목을 기록해봅시다.

1.

2.

3.

오늘의 기도 적용한 내용을 구체적으로 기도하고 마무리합니다.

E100 성경읽기 에베소서 6:10-20

33 하나님의 전신갑주와 기도

기도 격전지와 같은 세상에서 진리와 성령에 늘 깨어 있게 하시고, 오늘도 생명의 말씀으로 무장하게 하소서.

성경읽기 엡 6:10-20

전신갑주를 취하라

10끝으로 너희가 주 안에서와 그 힘의 능력으로 강건하여지고 11마귀의 간계를 능히 대적하기
위하여 하나님의 전신 갑주를 입으라 12우리의 씨름은 혈과 육을 상대하는 것이 아니요 통치
자들과 권세들과 이 어둠의 세상 주관자들과 하늘에 있는 악의 영들을 상대함이라 13그러므로
하나님의 전신 갑주를 취하라 이는 악한 날에 너희가 능히 대적하고 모든 일을 행한 후에 서
기 위함이라

견고하게 서라

14그런즉 서서 진리로 너희 허리 띠를 띠고 의의 호심경을 붙이고 15평안의 복음이 준비한 것으
로 신을 신고 16모든 것 위에 믿음의 방패를 가지고 이로써 능히 악한 자의 모든 불화살을 소멸
하고 17구원의 투구와 성령의 검 곧 하나님의 말씀을 가지라

항상 깨어 기도하라

18모든 기도와 간구를 하되 항상 성령 안에서 기도하고 이를 위하여 깨어 구하기를 항상 힘쓰
며 여러 성도를 위하여 구하라 19또 나를 위하여 구할 것은 내게 말씀을 주사 나로 입을 열어 복
음의 비밀을 담대히 알리게 하옵소서 할 것이니 20이 일을 위하여 내가 쇠사슬에 매인 사신이
된 것은 나로 이 일에 당연히 할 말을 담대히 하게 하려 하심이라

중심내용

바울은 권면을 마무리하면서 하나님의 전신갑주를 입고 영적 싸움에 나서라고 권고합니다. 전신갑주를 상세히 설명한 후 항상 깨어 기도하고 자신을 위해서도 기도해달라고 당부합니다. 마귀의 궤계를 대적하고 악한 영들과 싸우고 능히 서기 위해 여섯 가지 전신갑주로 무장하라고 명합니다. 진리의 허리띠, 의의 호심경(흉배), 평화의 복음의 준비(신), 믿음의 방패 그리고 구원의 투구와 성령의 검입니다. 우리의 대적은 악한 영들이기에 우리가 반드시 갖추어야 할 무기도 영적인 무기들입니다. 무엇보다도 예수님께서 십자가와 부활로 악한 영들을 이기셨으니, 우리가 의지할 분은 예수 그리스도이시고, 그분의 말씀(복음)이고, 그분 앞에 진실한 삶이고, 그분께 충성하는 의로운 마음이고, 주께서 주시는 구원의 확신입니다. 하지만 모든 무기를 다 갖추어도 기도가 없으면 영적 전투를 제대로 수행할 수 없기에, 늘 깨어 기도하라고 권고합니다. 복음의 비밀을 담대히 전할 수 있도록 감옥에 갇힌 자신을 위해 기도해달라고 부탁하며 서신을 마무리합니다.

오늘의 묵상

내게 주시는 교훈은 무엇입니까?

10-13절 성도들은 마귀의 궤계를 능히 대적하고, 하늘의 악한 영들과 싸우며, 악한 날에 능히 대적하고 서기 위해 그리스도께서 주시는 힘으로 강해지고 하나님의 전신갑주를 입어야 합니다. 우리 힘으로는 절대 사탄에 맞설 수 없고, 사탄이 지배하는 이 세상 문화를 이기고 하나님의 거룩하고 흠 없는 자녀로 설 수 없습니다. 세상과 사탄이 두려워하는 것은 그리스도인의 세상적인 성공과 부와 지위가 아닙니다. 우리가 주를 의지할 때 가장 두려워합니다.

18절 모든 무기를 다 갖추었다 하더라도 성령 안에서 드리는 기도가 없으면 영적 전투를 성공적으로 수행할 수 없고 영적 능력도 공급받을 수 없습니다. 이를 위해 온전히 인내하면서 깨어있어야 하며, 이것은 공동체적 싸움이기에 다른 지체들을 위해서도 기도해야 합니다. 경제적 불황과 곤경이 내 삶을 얽어맨다 할지라도 하나님의 자녀로서 주께서 주신 능력으로 복음의 영광을 드러내며 살기 위해 서로 기도해주는 공동체가 됩시다.

오늘의 적용 묵상한 말씀을 오늘 내 삶에 어떻게 실천할지 적어봅시다.

오늘의 감사 하나님의 은혜를 돌아보며 감사할 제목을 기록해봅시다.

1.

2.

3.

오늘의 기도 적용한 내용을 구체적으로 기도하고 마무리합니다.

34

E100 성경읽기 빌립보서 4:2–9

주 안에 서라

기도 말씀을 알고자 하는 열망이 순종을 통해 하나님을 기쁘시게 하려는 열망이 되게 해주소서.

성경읽기 빌 4:1–9

주 안에서 같은 마음을 품으라

1그러므로 나의 사랑하고 사모하는 형제들, 나의 기쁨이요 면류관인 사랑하는 자들아 이와
같이 주 안에 서라 2내가 유오디아를 권하고 순두게를 권하노니 주 안에서 같은 마음을 품으라
3또 참으로 나와 멍에를 같이한 네게 구하노니 복음에 나와 함께 힘쓰던 저 여인들을 돕고 또한
글레멘드와 그 외에 나의 동역자들을 도우라 그 이름들이 생명책에 있느니라

염려하지 말고 기도하라

4주 안에서 항상 기뻐하라 내가 다시 말하노니 기뻐하라 5너희 관용을 모든 사람에게 알게 하
라 주께서 가까우시니라 6아무 것도 염려하지 말고 다만 모든 일에 기도와 간구로, 너희 구할
것을 감사함으로 하나님께 아뢰라 7그리하면 모든 지각에 뛰어난 하나님의 평강이 그리스도
예수 안에서 너희 마음과 생각을 지키시리라

생각하고 실천하라

8끝으로 형제들아 무엇에든지 참되며 무엇에든지 경건하며 무엇에든지 옳으며 무엇에든지 정
결하며 무엇에든지 사랑 받을 만하며 무엇에든지 칭찬 받을 만하며 무슨 덕이 있든지 무슨 기
림이 있든지 이것들을 생각하라 9너희는 내게 배우고 받고 듣고 본 바를 행하라 그리하면 평강
의 하나님이 너희와 함께 계시리라

중심내용

바울은 마지막으로 복음에 합당한 삶을 좀 더 실천적으로 권면하고 있습니다. 안팎으로 고난과 거짓 가르침과 성도 사이의 갈등으로 시달리던 빌립보 공동체를 향해, 그들이 시련을 잘 이겨내어 바울의 사랑과 기쁨과 면류관이 되어온 것처럼 앞으로도 주와 연합하여 굳게 서라고 권면합니다. 특히 갈등의 당사자를 거론하며 한 마음을 품으라고 촉구하고, 복음 전파를 위해 '함께 싸웠던' 사람들을 도와주라고 합니다. 그리고 주님이 가까이 오셨으니 교회를 핍박하는 외부인들을 향해 관용하라고 부탁하며, 고난 앞에서 염려하는 대신 평강의 하나님께 기도하라고 당부합니다. 끝으로 바울은 당시 헬라 세계에서도 칭송받고 인정받을 수 있는 가치 덕목들을 거론하면서, 그것들을 마음에 잘 간직할 뿐 아니라 바울 자신에게서 배우고 받고 듣고 직접 본 것을 실천으로 옮기라고 권합니다. 어그러진 세상에서 세상보다 더 나은 삶을 살고, 세상과 타협하지 않고 복음의 요구대로 살 때, 어떤 고난 앞에서도 평강의 하나님이 우리와 함께하실 것이라고 합니다.

오늘의 묵상

내게 주시는 교훈은 무엇입니까?

2, 3절 갈등의 중심에 서 있던 두 여인, 유오디아와 순두게의 이름까지 거론하면서 그들이 한마음 되도록 촉구합니다. 바울에게는 이 두 부녀나 글레멘드나 다른 무명의 동역자들 모두 경쟁자가 아니라 생명책에 이름을 함께 올린 한 가족이었습니다. 나부터 경쟁하기를 멈추고 동역하는 이들을 높이기 시작한다면 그만큼 공동체의 하나 됨을 앞당길 것입니다. 한 발 더 앞서고 한 단계 더 올라서기 위해 이웃을 경쟁과 제거의 대상으로 삼도록 유혹하는 세상에서, 이웃보다 더 낮은 자리로 내려가서 섬기기 위해 내가 선 자리를 교정해야 하지 않을까요?

6, 7절 고난 앞에서 염려하는 대신 하나님께 기도하고 간구하고 감사하고 구할 때, 이 모든 상황을 다 아시고 주장하시고 더 나은 길을 예비하시는 하나님께서, 성도의 마음과 생각을 파수하시고 평강을 누릴 수 있게 하실 것입니다. 기도는 꼼수도 아니고, 임시방편도 아니며, 보험도 아닙니다. 하나님이 살아계시다 믿는 이들에게 기도는 가장 실제적이고 효과적이며, 그래서 무엇보다 앞세워야 할 영적인 반응입니다. 염려가 몰려올 때 나의 첫 반응은 기도입니까?

오늘의 적용 묵상한 말씀을 오늘 내 삶에 어떻게 실천할지 적어봅시다.

오늘의 감사 하나님의 은혜를 돌아보며 감사할 제목을 기록해봅시다.

1.

2.

3.

오늘의 기도 적용한 내용을 구체적으로 기도하고 마무리합니다.

E100 성경읽기 골로새서 1:1–23

35 만유의 주이신 예수 그리스도

기도 영원만큼 소중한 하루를 주셔서 감사합니다. 말씀과 함께 하루를 시작하게 하소서.

성경읽기 골 1:15–23

하나님의 형상이요 창조주이신 예수님

15그는 보이지 아니하는 하나님의 형상이시요 모든 피조물보다 먼저 나신 이시니 16만물이 그
에게서 창조되되 하늘과 땅에서 보이는 것들과 보이지 않는 것들과 혹은 왕권들이나 주권들이
나 통치자들이나 권세들이나 만물이 다 그로 말미암고 그를 위하여 창조되었고 17또한 그가 만
물보다 먼저 계시고 만물이 그 안에 함께 섰느니라 18그는 몸인 교회의 머리시라 그가 근본이
시요 죽은 자들 가운데서 먼저 나신 이시니 이는 친히 만물의 으뜸이 되려 하심이요 19아버지
께서는 모든 충만으로 예수 안에 거하게 하시고 20그의 십자가의 피로 화평을 이루사 만물 곧
땅에 있는 것들이나 하늘에 있는 것들이 그로 말미암아 자기와 화목하게 되기를 기뻐하심이라

복음의 소망에서 흔들리지 말라

21전에 악한 행실로 멀리 떠나 마음으로 원수가 되었던 너희를 22이제는 그의 육체의 죽음으
로 말미암아 화목하게 하사 너희를 거룩하고 흠 없고 책망할 것이 없는 자로 그 앞에 세우고
자 하셨으니 23만일 너희가 믿음에 거하고 터 위에 굳게 서서 너희 들은 바 복음의 소망에서 흔
들리지 아니하면 그리하리라 이 복음은 천하 만민에게 전파된 바요 나 바울은 이 복음의 일꾼
이 되었노라

중심내용

당시 골로새 이단들은 하나님과 인간 사이의 중재자는 천사들이라고 가르침으로써 참 중재자이신 예수 그리스도의 지위와 신분을 피조물의 위치로 격하시켜버렸습니다 이에 대해 바울은 피조물과의 관계(15–17절)와 교회와의 관계(18절)를 통해 그리스도의 지위의 탁월성을 명확히 선언합니다 보이지 않는 하나님의 형상이신 그리스도는 만유의 주재요 교회의 머리가 되시는 분입니다 골로새 이단들의 주장과 달리, 예수님은 피조물이 아니라 모든 만물보다 선재하시고 모든 만물을 창조하셨으며 모든 만물 위에 계신 창조주이십니다 그리고 하나님께서 예수님을 교회의 머리로 세우신 것은 예수님을 통해 하나님의 충만한 임재가 만물 안에 머물도록 하는 일에 이 교회를 사용하시기 위해서입니다 교회의 하나 됨과 화목은 만물을 십자가의 피로 하나님과 화목하게 하시고 통일시키시는 하나님의 능력을 보여주는 모델입니다 이것이 교회의 영광이요 사명입니다 바울은 성도들에게 하나님과의 화목은 그리스도의 죽음을 통해서 이루어졌으며, 구속의 목적은 성도들을 하나님 앞에 거룩하고 흠 없고 책망할 것이 없는 자들로 세우는 데 있음을 역설합니다

오늘의 묵상

예수님은 어떤 분입니까?

16–18절 골로새 이단들의 주장과는 달리 예수님은 피조물이 아니라 세상을 창조하시고 유지하시고 다스리시는 분입니다. 또 만물의 으뜸이 되시려고 죽은 자들 가운데서 부활하여 교회의 머리가 되셨습니다. 세상은 이 사실을 믿지도 인정하지도 않지만, 예수님을 통해 새롭게 창조되어 한 몸을 이룬 교회만은 한마음으로 예수님이 세상의 왕이요 구원자이심을 고백하고 그렇게 섬겨야 합니다. 예수님이 우리 가정과 교회와 직장을 붙들고 계십니까? 우리의 의식과 행동의 첫 자리를 늘 그분께 내어드리고 있습니까?

21–23절 골로새 성도들은 구속의 경륜 안에서 그리스도의 십자가를 통해 하나님과 화목하게 되었습니다. 이 구속은 거룩하고 흠 없고 책망할 것이 없는 백성으로 삼기 위한 출발이요 전환점입니다. 그것은 저절로 되는 것이 아니라 믿음에 거하고, 그리스도 외에 다른 터를 닦지 않으며, 복음의 소망에서 흔들리지 않을 때 가능합니다. 한 해를 시작할 때 가졌던 나의 믿음이 지금 더 자라고 온전해졌습니까?

오늘의 적용 묵상한 말씀을 오늘 내 삶에 어떻게 실천할지 적어봅시다.

오늘의 감사 하나님의 은혜를 돌아보며 감사할 제목을 기록해봅시다.

1.

2.

3.

오늘의 기도 적용한 내용을 구체적으로 기도하고 마무리합니다.

E100 성경읽기 디모데전서 3:1–16

36 감독(장로)과 집사의 자격

기도 주의 말씀을 묵상하는 것이 나에게 고된 의무가 아니라 하지 않을 수 없는 즐거움이 되길 원합니다.

성경읽기 딤전 3:1–13

감독(장로)의 조건

1미쁘다 이 말이여, 곧 사람이 감독의 직분을 얻으려 함은 선한 일을 사모하는 것이라 함이로
다 2그러므로 감독은 책망할 것이 없으며 한 아내의 남편이 되며 절제하며 신중하며 단정하
며 나그네를 대접하며 가르치기를 잘하며 3술을 즐기지 아니하며 구타하지 아니하며 오직 관
용하며 다투지 아니하며 돈을 사랑하지 아니하며 4자기 집을 잘 다스려 자녀들로 모든 공손
함으로 복종하게 하는 자라야 할지며 5(사람이 자기 집을 다스릴 줄 알지 못하면 어찌 하나님
의 교회를 돌보리요) 6새로 입교한 자도 말지니 교만하여져서 마귀를 정죄하는 그 정죄에 빠
질까 함이요 7또한 외인에게서도 선한 증거를 얻은 자라야 할지니 비방과 마귀의 올무에 빠질
까 염려하라

집사의 자격

8이와 같이 집사들도 정중하고 일구이언을 하지 아니하고 술에 인박히지 아니하고 더러운 이
를 탐하지 아니하고 9깨끗한 양심에 믿음의 비밀을 가진 자라야 할지니 10이에 이 사람들을 먼
저 시험하여 보고 그 후에 책망할 것이 없으면 집사의 직분을 맡게 할 것이요 11여자들도 이와
같이 정숙하고 모함하지 아니하며 절제하며 모든 일에 충성된 자라야 할지니라 12집사들은 한
아내의 남편이 되어 자녀와 자기 집을 잘 다스리는 자일지니 13집사의 직분을 잘한 자들은 아
름다운 지위와 그리스도 예수 안에 있는 믿음에 큰 담력을 얻느니라

중심내용

바울은 자신의 에베소 도착이 늦어질 것을 우려하여 자신이 없는 동안 디모데가 교회에서 어떻게 해야 할지 올바른 목회 지침을 주고 있습니다(14, 15절). 특히 어떤 기준으로 지도자인 감독(장로, 1–7절)와 집사(8–13절)를 세워야 하는지 상세히 소개합니다. 감독과 집사를 세울 때 삶과 성품 그리고 진리에 대한 태도를 두루 고려하라고 권면합니다. 또 교회 안팎의 평판을 모두 중요하게 여기고 있습니다. 감독은 선한 일을 간절히 열망하는 사람이어야 하고, 교회를 잘 다스리기 전에 자기 가정을 잘 다스려야 합니다. 자신의 욕구를 절제하고 자제할 수 있어야 하고, 갈등상황에서도 온유한 마음과 인내하는 마음으로 대처할 수 있어야 합니다. 감독은 영적으로 성숙해야 합니다. 새로 입교한 자의 열정은 칭찬 받을 수 있지만 너무 빨리 책임 있는 자리에 서게 되면 교만해질 수 있습니다. 집사는 깨끗한 양심으로 믿음의 비밀을 잘 간직해야 합니다. 충성스런 집사는 영적으로 아름다운 지위를 얻고 주 안에서 믿음에 큰 담력을 얻어 믿는 것과 고백하는 것에 확신을 갖는 복을 받게 됩니다. 교회는 이런 자격들을 신중하게 검토한 후 감독과 집사를 세워야 합니다.

오늘의 **묵상**

하나님은 어떤 분입니까?

2, 3절 감독(장로)은 거짓 지도자와는 달리 '일만 악의 뿌리'가 되는(6:10) 돈을 사랑하지 말아야 하며, 먹을 것과 잠잘 곳이 필요한 나그네를 잘 대접하는 관대한 사람이어야 합니다. 지도자는 절제하고 자족하는 삶을 살면서, 얼마든지 더 누릴 수 있는 조건에서도 자발적인 가난과 그로 인한 불편한 삶을 자청함으로써, 물질이 우상이 된 이 세상 방식대로 살지 않아도 주께서 건사해주신다는 것을 먼저 증명해 보여야 합니다.

8, 11, 12절 집사는 단정하게 행동하고, 이중적인 말을 하지 말고, 술과 탐욕을 멀리해야 합니다. 가정에 먼저 충실해야 하고, 여 집사에게는 특히 '말'과 '절제'를 강조하고 있습니다. 교회에 대한 충성도나 물질적인 성공 여부보다는, 말과 행실의 일관성과 가정과 세상에서의 거룩한 삶을 요구하고 있습니다. 우리가 직분을 세울 때 성경이 말하는 이러한 요건들을 교회가 정한 자의적인 기준만큼이나 심각하게 여기고 있는지 다시 한 번 돌아봅시다.

오늘의 적용 묵상한 말씀을 오늘 내 삶에 어떻게 실천할지 적어봅시다.

오늘의 감사 하나님의 은혜를 돌아보며 감사할 제목을 기록해봅시다.

1.

2.

3.

오늘의 기도 적용한 내용을 구체적으로 기도하고 마무리합니다.

E100 성경읽기 디모데전서 6:3-21

37 경계해야 할 것과 지켜야 할 것

기도 듣는 마음을 종에게 주사 주신 말씀을 잘 깨닫게 하소서.

성경읽기 딤전 6:3-10

거짓 교사들에 대한 경고

3누구든지 다른 교훈을 하며 바른 말 곧 우리 주 예수 그리스도의 말씀과 경건에 관한 교훈을
따르지 아니하면 4그는 교만하여 아무 것도 알지 못하고 변론과 언쟁을 좋아하는 자니 이로써
투기와 분쟁과 비방과 악한 생각이 나며 5마음이 부패하여지고 진리를 잃어 버려 경건을 이익
의 방도로 생각하는 자들의 다툼이 일어나느니라

자족하는 마음에 대한 권면

6그러나 자족하는 마음이 있으면 경건은 큰 이익이 되느니라 7우리가 세상에 아무 것도 가지
고 온 것이 없으매 또한 아무 것도 가지고 가지 못하리니 8우리가 먹을 것과 입을 것이 있은즉
족한 줄로 알 것이니라

돈을 사랑함에 대한 경고

9부하려 하는 자들은 시험과 올무와 여러 가지 어리석고 해로운 욕심에 떨어지나니 곧 사람으
로 파멸과 멸망에 빠지게 하는 것이라 10돈을 사랑함이 일만 악의 뿌리가 되나니 이것을 탐내
는 자들은 미혹을 받아 믿음에서 떠나 많은 근심으로써 자기를 찔렀도다

중심내용

바울은 서신을 마무리하면서 다시 다른 교훈을 좇는 자들을 경계하고, 특히 돈을 사랑하는 태도의 위험을 지적하며 주 안에서 자족하는 삶을 권합니다. 십자가와 부활이 경건한 삶을 가능케 하는 비밀이기에, 이 진리를 떠나 자기도 모르는 말을 퍼뜨린 거짓 교사들의 가르침은 변론과 말다툼을 낳고, 투기와 분쟁, 비방과 악한 생각을 심습니다. 경건에 관한 교훈을 버릴 때 마음이 부패하고, 결국 경건 자체보다는 그것을 통해 경제적인 이익을 얻는 데만 몰두하게 됩니다. 가진 것을 족한 줄로 알고 감사하는 경건한 마음 자체가 큰 이익입니다. 삶은 우리가 만족할 만큼 스스로 채울 수 있는 것이 아니라, 우리에게 능력 주시는 그리스도로만 충족될 수 있기 때문입니다. 바울은 돈을 '사랑하는' 마음은 파멸로 가는 지름길이라고 경고합니다. 그것은 지도자의 타락 원인이고, 우리가 하나님께 가는 길을 막는 장애물입니다. 돈을 사랑하는 마음과 하나님을 사랑하는 마음은 절대 같이 갈 수 없습니다. 두 주인을 섬길 수 없습니다. 자족하는 마음이 없는 자리에는 부를 추구하는 마음이 들어섭니다. 중립지대는 없습니다. 아직 누리지 못한 것을 셈하기보다 이미 가지고도 누리지 못한 것을 살펴야 합니다.

오늘의 묵상

내게 주시는 교훈은 무엇입니까?

3절 바울에게 맡기신 예수 그리스도의 말씀과 그 진리에서 나온 경건에 관한 교훈에 동의하지 않으면 '다른' 복음입니다. 그리스도의 복음과 그 복음에 합당한 경건한 삶을 촉구하는 지식이 '바른 말'을 형성합니다. 경건하지 않은 세상의 가치관을 거스르는 바른 복음을 선포하고 있습니까? 내가 들은 복음은 돈, 자녀 교육, 성품, 환경 등에 대한 나의 태도에 어떤 영향을 미치고 있습니까?

9, 10절 돈 자체는 악하지 않지만, 돈을 사랑하는 마음은 모든 악의 뿌리가 됩니다. 부 자체가 삶의 목표가 될 때 갖은 시험과 올무에 쉽게 걸려 넘어지고, 해로운 정욕의 노예가 되다가, 결국 돌이킬 수 없는 멸망에 이르게 됩니다. 돈을 사랑하는 마음이 앞서면 믿음도 버리게 되고, 자족하기는커녕 도리어 자신을 근심으로 고통스럽게 하는 자가 됩니다. 내 인생의 주인은 진정 누구입니까? 막강한 '돈'의 위력을 추앙하고 추종하는 시대에, 흔들림 없이 예수님만을 내 인생의 주인으로 모시고 살기를 힘씁시다.

오늘의 적용 묵상한 말씀을 오늘 내 삶에 어떻게 실천할지 적어봅시다.

오늘의 감사 하나님의 은혜를 돌아보며 감사할 제목을 기록해봅시다.

1.

2.

3.

오늘의 기도 적용한 내용을 구체적으로 기도하고 마무리합니다.

38 복음과 함께 고난을 받으라

기도 주여, 말씀의 참맛을 알고 그 말씀을 내면화하게 하시고, 말씀의 능력을 신뢰하며 담대히 순종케 하소서.

성경읽기 딤후 2:1-13

복음 전도자, 군사와 농부와 경기하는 자

1내 아들아 그러므로 너는 그리스도 예수 안에 있는 은혜 가운데서 강하고 2또 네가 많은 증인
앞에서 내게 들은 바를 충성된 사람들에게 부탁하라 그들이 또 다른 사람들을 가르칠 수 있으
리라 3너는 그리스도 예수의 좋은 병사로 나와 함께 고난을 받으라 4병사로 복무하는 자는 자
기 생활에 얽매이는 자가 하나도 없나니 이는 병사로 모집한 자를 기쁘게 하려 함이라 5경기하
는 자가 법대로 경기하지 아니하면 승리자의 관을 얻지 못할 것이며 6수고하는 농부가 곡식을
먼저 받는 것이 마땅하니라

복음을 전해야 하는 이유

7내가 말하는 것을 생각해 보라 주께서 범사에 네게 총명을 주시리라 8내가 전한 복음대로 다
윗의 씨로 죽은 자 가운데서 다시 살아나신 예수 그리스도를 기억하라 9복음으로 말미암아 내
가 죄인과 같이 매이는 데까지 고난을 받았으나 하나님의 말씀은 매이지 아니하니라 10그러므
로 내가 택함 받은 자들을 위하여 모든 것을 참음은 그들도 그리스도 예수 안에 있는 구원을 영
원한 영광과 함께 받게 하려 함이라

충성과 변절의 결과

11미쁘다 이 말이여 우리가 주와 함께 죽었으면 또한 함께 살 것이요 12참으면 또한 함께 왕 노
릇 할 것이요 우리가 주를 부인하면 주도 우리를 부인하실 것이라 13우리는 미쁨이 없을지라도
주는 항상 미쁘시니 자기를 부인하실 수 없으시리라

중심내용

바울은 디모데에게 복음과 함께 고난을 받으라고 권하며, 그 삶을 군사와 경기하는 자와 농부에 비유합니다. 그들은 모두 자기 자신보다 사명에 헌신하고 인내하는 자들입니다. 복음 전도자에게는 절제와 절대 복종만이 전부이고, 그의 삶은 오직 부르신 분을 기쁘게 하는 군사의 삶과 같습니다. 그는 경기하는 자가 규칙을 잘 지키듯 자신이 전하는 복음대로 살아내야 하는 규칙을 잘 지키는 자입니다. 농부가 풍성한 결실을 바라면서 인내하고 수고하듯이 복음 전도자도 오로지 하나님의 약속을 바라면서 수고로운 삶을 감내해야 합니다. 바울은 그리스도인은 그리스도와 함께 죽고 함께 산 자들이라고 말합니다. 나를 왕 삼으려는 세상의 온갖 유혹을 이기고 핍박을 잘 참으면서 복음을 사수하고 자랑하는 자들이요, 나 자신을 그리스도가 왕으로 다스리는 거룩한 영토가 되게 하는 자들입니다. 하지만 말과 삶으로 복음에 침묵하는 것은 주님을 부인하는 일이고 결국 주님도 우리를 부인하시게 할 것입니다.

오늘의 묵상

하나님은 어떤 분입니까?

8-10절 고난이나 죽음을 두려워하지 않고 복음 증거에 참여해야 하는 이유는 우리가 전하는 복음이 부활과 영생을 약속하고 있기 때문입니다. 예수님의 죽음이 생명의 부활로 끝났듯이, 복음 전하는 자는 죽어도 복음은 죽지 않고, 복음 전하는 자가 매여도 하나님의 말씀은 매이지 않으며, 택하신 자들을 구원하시고 또 영원한 영광을 얻게 하실 것입니다. 복음 증인의 삶에 소홀한 것은 내가 받은 구원에 대한 감격이나 복음에 대한 확신이 없어서는 아닙니까?

내게 주시는 교훈은 무엇입니까?

1, 2절 예수님이 주시는 은혜로만 우리는 참되게 성장할 수 있습니다. 바울은 디모데가 다른 사람들을 지도자로 세울 만큼 강해지길 원했습니다. 그래서 그 지도자들이 또 다른 제자들을 세워서 신앙공동체가 건강하게 계승되기를 기대했습니다. 지식을 전수하는 데 그치지 않고 주님의 은혜와 복음에 사로잡힌 제자들을 길러내는 제자훈련을 하고 있습니까? 지도자인 내가 없어도 교회는 설 수 있기 위해 성도들이 지도자보다 말씀을 더 의지하도록 양육하고 있습니까?

오늘의 적용 묵상한 말씀을 오늘 내 삶에 어떻게 실천할지 적어봅시다.

오늘의 감사 하나님의 은혜를 돌아보며 감사할 제목을 기록해봅시다.

1.

2.

3.

오늘의 기도 적용한 내용을 구체적으로 기도하고 마무리합니다.

E100 성경읽기 디모데후서 3:10-4:8

39 배우고 확신한 일에 거하라

기도 참된 권위와 질서가 무너진 혼돈의 시대에, 성경의 권위를 인정하고 성경의 능력을 신뢰하게 하소서.

성경읽기 딤후 3:10-17

경건한 삶에 따른 고난과 박해

10나의 교훈과 행실과 의향과 믿음과 오래 참음과 사랑과 인내와 11박해를 받음과 고난과 또한
안디옥과 이고니온과 루스드라에서 당한 일과 어떠한 박해를 받은 것을 네가 과연 보고 알았
거니와 주께서 이 모든 것 가운데서 나를 건지셨느니라 12무릇 그리스도 예수 안에서 경건하
게 살고자 하는 자는 박해를 받으리라 13악한 사람들과 속이는 자들은 더욱 악하여져서 속이기
도 하고 속기도 하나니

배우고 확신한 일에 거하라

14그러나 너는 배우고 확신한 일에 거하라 너는 네가 누구에게서 배운 것을 알며 15또 어려서부
터 성경을 알았나니 성경은 능히 너로 하여금 그리스도 예수 안에 있는 믿음으로 말미암아 구
원에 이르는 지혜가 있게 하느니라 16모든 성경은 하나님의 감동으로 된 것으로 교훈과 책망과
바르게 함과 의로 교육하기에 유익하니 17이는 하나님의 사람으로 온전하게 하며 모든 선한 일
을 행할 능력을 갖추게 하려 함이라

중심내용

바울은 이 세대를 본받지 않고 주 안에서 경건하게 사는 길을 제시합니다. 그것은 하나님의 감동으로 기록되었고 구원에 이르는 지혜를 주는 성경에서 배운 일에 거하는 것입니다. 바울은 거짓 교사와 대조적으로 디모데도 알고 있는 진리 안에 거한 자신의 삶을 제시합니다. 바울의 교훈과 행실과 의향, 그의 사랑과 믿음과 인애의 삶이 그가 진리의 사람임을 증명하였습니다. 이를 위해 바울은 예수님처럼 이 땅에서 부귀와 명예 대신에 고난과 핍박을 감수해야 했습니다. 바울은 거짓과 속임과 악이 만연해가는 세상 속에서 경건한 삶을 위해 '배우고 확신한 일에 거하라'고 권면합니다. 이는 디모데를 가르친 이들을 신뢰할 수 있으며, 디모데가 배우고 확신한 것(성경)에 구원에 이르는 지혜가 있음을 알기 때문입니다. 성경만이 예수 그리스도를 믿음으로 얻는 구원에 대해서 가르쳐줍니다. 그것은 그분을 내 삶의 주인으로 모시고 그분처럼 십자가의 삶을 사는 것이 거짓되고 악한 세상을 이기고 구원을 얻는 지혜임을 가르쳐줍니다. 그리고 그 교훈과 책망과 바르게 함과 의로 교육함을 통해 우리를 하나님의 사람으로 온전하게 하고, 하나님이 기뻐하시는 선한 일들을 행할 수 있는 사람으로 구비해줄 것입니다.

오늘의 묵상

내게 주시는 교훈은 무엇입니까?

12, 13절 세상은 주의 날이 다가올수록 더 악해지고 더 속이면서 경건의 모양으로 경건의 능력을 대신할 것입니다. 그런 사람들이 다수를 차지하는 세상에서 오로지 예수님만 왕으로 모시며 경건하게 살려는 성도들이 핍박을 받는 것은 당연합니다. 경건은 진리를 지키고 진리대로 살고, 하나님의 목표를 나의 목표로 삼아 사는 것이기 때문입니다. 주를 사랑하고 주의 나라를 소망할수록 세상 문화 속에서 숨 쉬며 사는 것이 불편하고 힘겨울 것입니다.

16, 17절 성경은 우리를 창조하신 하나님의 감동으로 기록된 책입니다. 누구보다도 우리를 잘 아시는 하나님께서 자신의 뜻과 인격을 담아 기록하셨기에, 그 말씀 앞에 나아가서야 하나님과 우리 자신을 제대로 알 수 있습니다. 그 누구의 교훈과 권면과 책망보다도 하나님 말씀 앞에 섰을 때 벌거벗은 듯 우리 자신을 있는 그대로 볼 수 있으며, 우리가 해야 할 일과 걸어가야 할 의의 길을 알 수 있습니다.

오늘의 적용 묵상한 말씀을 오늘 내 삶에 어떻게 실천할지 적어봅시다.

오늘의 감사 하나님의 은혜를 돌아보며 감사할 제목을 기록해봅시다.

1.

2.

3.

오늘의 기도 적용한 내용을 구체적으로 기도하고 마무리합니다.

E100 성경읽기 데살로니가전서 4:13–5:11

40 주의 날을 대비하는 삶

기도 주여, 늘 말씀 안에서 깨어있게 하시고, 말씀으로 나를 회복시켜주소서.

성경읽기 살전 5:1–11

도적같이 임하는 주의 날

1형제들아 때와 시기에 관하여는 너희에게 쓸 것이 없음은 2주의 날이 밤에 도둑 같이 이를 줄
을 너희 자신이 자세히 알기 때문이라 3그들이 평안하다, 안전하다 할 그 때에 임신한 여자에
게 해산의 고통이 이름과 같이 멸망이 갑자기 그들에게 이르리니 결코 피하지 못하리라

주의 날을 대비하는 삶

4형제들아 너희는 어둠에 있지 아니하매 그 날이 도둑 같이 너희에게 임하지 못하리니 5너희는
다 빛의 아들이요 낮의 아들이라 우리가 밤이나 어둠에 속하지 아니하나니 6그러므로 우리는
다른 이들과 같이 자지 말고 오직 깨어 정신을 차릴지라 7자는 자들은 밤에 자고 취하는 자들
은 밤에 취하되 8우리는 낮에 속하였으니 정신을 차리고 믿음과 사랑의 호심경을 붙이고 구원
의 소망의 투구를 쓰자 9하나님이 우리를 세우심은 노하심에 이르게 하심이 아니요 오직 우리
주 예수 그리스도로 말미암아 구원을 받게 하심이라 10예수께서 우리를 위하여 죽으사 우리로
하여금 깨어 있든지 자든지 자기와 함께 살게 하려 하셨느니라 11그러므로 피차 권면하고 서로
덕을 세우기를 너희가 하는 것 같이 하라

중심내용

4장에서 그릇된 종말관에 기인한 무질서한 생활을 지적한 바울은 5장에서 재림의 시기와 이를 기다리는 성도들의 자세에 대해 교훈합니다. 바울이 언급하고 있는 '주의 날'은 예수 그리스도께서 재림하시는 날로서 악인들에게는 심판의 날이지만 성도들에게는 구원과 승리의 날입니다. 바울은 성도들에게 언제 임하게 될지 모르는 주의 재림을 준비하는 마음으로 항상 깨어 근신하고, 믿음과 소망과 사랑으로 무장하며, 서로 위로하고 덕을 세우며 인내와 선행을 실천하라고 권면합니다. 마지막을 기다리는 성도는 영적인 무방비 상태로 있지 않고 깨어 근신하며 삽니다. 그것은 주의 재림을 확실히 믿기에 자기만 위해 살지 않고 타인을 위해 사랑의 수고를 하고 인내하며 소망하는 것을 말합니다. 그런데 마지막 날을 대비하는 일은 혼자 할 수 없습니다. 그래서 하나님은 우리에게 공동체를 주셨습니다. '피차 권면하고 서로 덕을 세우라'(11절)는 것은 '평안하다, 안전하다'하며 영적인 나태와 무관심에 빠진 자들을 깨워서 근신하는 삶으로 이끌라는 뜻으로, 공동체를 향한 사도의 권면이자 주님의 명령입니다.

오늘의 묵상

내게 주시는 교훈은 무엇입니까?

1–3절 '주의 날'이 도적같이 그리고 잉태한 여인에게 진통이 오듯이, 갑자기 그러나 반드시 이를 것입니다. 그러니 우리에게 필요한 것은 그 정확한 '날'을 예측하려는 노력이 아니라, 그 날을 대비하려는 노력일 것입니다. 모든 때를 하나님의 시간으로 삼고, 오늘이 바로 그 날인 듯 말씀을 따라 살아야 할 것입니다. 주님은 잠든 나를 보실 것 같습니까, 깨어 맞이하는 나를 보실 것 같습니까?

4, 5, 10절 빛 가운데 사는 이들에게 주의 날은 도적같이 오지 않습니다. 그들은 감출 것이 없이 있는 그대로 주님을 맞이할 것입니다. 그날이 두렵거나 당황스러운 날이 되지 않고 도리어 신랑을 맞이하는 신부의 기쁨으로 가득 찰 것입니다. 이런 설렘과 기대로 삽니까? 지금 당장 오시면 곤란하다는 마음은 내게 없습니까?

오늘의 적용 묵상한 말씀을 오늘 내 삶에 어떻게 실천할지 적어봅시다.

오늘의 감사 하나님의 은혜를 돌아보며 감사할 제목을 기록해봅시다.

1.

2.

3.

오늘의 기도 적용한 내용을 구체적으로 기도하고 마무리합니다.

E100 성경읽기 고린도전서 13:1–13

41

사랑, 은사 사용의 원리

기도 주여, 말씀 들음이 지적 유희나 만족에 그치지 않고 하나님 경외와 순종으로 이어지게 하소서.

성경읽기 고전 13:1–13

사랑이 없으면 은사는 헛되다

1내가 사람의 방언과 천사의 말을 할지라도 사랑이 없으면 소리 나는 구리와 울리는 꽹과리가
되고 2내가 예언하는 능력이 있어 모든 비밀과 모든 지식을 알고 또 산을 옮길 만한 모든 믿음
이 있을지라도 사랑이 없으면 내가 아무 것도 아니요 3내가 내게 있는 모든 것으로 구제하고 또
내 몸을 불사르게 내줄지라도 사랑이 없으면 내게 아무 유익이 없느니라

사랑의 본질

4사랑은 오래 참고 사랑은 온유하며 시기하지 아니하며 사랑은 자랑하지 아니하며 교만하지
아니하며 5무례히 행하지 아니하며 자기의 유익을 구하지 아니하며 성내지 아니하며 악한 것
을 생각하지 아니하며 6불의를 기뻐하지 아니하며 진리와 함께 기뻐하고 7모든 것을 참으며 모
든 것을 믿으며 모든 것을 바라며 모든 것을 견디느니라

사랑의 영원성

8사랑은 언제까지나 떨어지지 아니하되 예언도 폐하고 방언도 그치고 지식도 폐하리라 9우리
는 부분적으로 알고 부분적으로 예언하니 10온전한 것이 올 때에는 부분적으로 하던 것이 폐
하리라 11내가 어렸을 때에는 말하는 것이 어린 아이와 같고 깨닫는 것이 어린 아이와 같고 생
각하는 것이 어린 아이와 같다가 장성한 사람이 되어서는 어린 아이의 일을 버렸노라 12우리가
지금은 거울로 보는 것 같이 희미하나 그 때에는 얼굴과 얼굴을 대하여 볼 것이요 지금은 내가
부분적으로 아나 그 때에는 주께서 나를 아신 것 같이 내가 온전히 알리라 13그런즉 믿음, 소
망, 사랑, 이 세 가지는 항상 있을 것인데 그 중의 제일은 사랑이라

중심내용

바울은 더 큰 은사를 분별하는 기준이자(12:31), 바른 은사 사용의 원리로서 '사랑'을 제시합니다. 사랑의 중요성과 사랑의 특징, 그리고 사랑의 영원성을 차례로 소개합니다. 사랑이 없는 은사는 아무런 유익이 없습니다. 하늘의 언어요 천사의 말이라고 그들이 떠받드는 방언도 사랑의 마음으로 공동체의 덕을 세우기 위해 사용하지 않으면 시끄러운 이방 종교의 떠듦과 다를 바 없습니다. 구원의 경륜을 아는 지식도, 심지어 물질과 몸을 바쳐 드리는 큰 희생도 무익합니다. 사랑의 특징을 살펴보면, 그것은 매우 실천적이고 또 구체적이며 이타적입니다. 단숨에 이뤄지지 않고 긴 시간이 필요합니다. 불의한 과정을 선한 결과로 합리화할 수 없습니다. 사랑의 특징 속에 십자가의 예수님의 모습이 보이지 않습니까? 영원한 것은 믿음과 소망과 사랑이고, 그중에서 가장 중요한 것은 사랑입니다.

오늘의 묵상

내게 주시는 교훈은 무엇입니까?

2, 3절 하나님의 구원 계획(비밀)에 대한 지식과 대단한 이적을 베풀 수 있는 믿음이 있어도 사랑이 없으면 소용없습니다. 사랑 없는 구제나 사랑 없는 종교적 열성은 허영과 헛수고에 지나지 않습니다. 자기 과시를 위해 이렇게 고달픈 헛수고를 하려는 유혹을 받는다면, 어서 사랑을 구합시다.

8–13절 예언이나 방언, 지식 등 고린도 교회가 유난히 중요하게 여기는 은사들도 그 역할을 다하면 사라질 것입니다. 그것은 그 자체로 의미가 있는 것이 아니고, 공동체를 세우고 우리를 그리스도의 사람이 되게 하려고 주셨기 때문입니다. 하지만 주를 향한 신뢰와 순종의 믿음, 주를 바라는 소망, 그리고 사랑은 영원할 것입니다. 특히 사랑은 아무리 자라고 깊어지고 넓어져도 다함이 없는 하나님의 본질이며 새 창조의 목표이기에 가장 위대합니다. 나의 은사는 사랑의 사람과 사랑의 공동체가 되기 위한 은사이며, 사랑으로 사용하는 은사입니까?

오늘의 적용 묵상한 말씀을 오늘 내 삶에 어떻게 실천할지 적어봅시다.

오늘의 감사 하나님의 은혜를 돌아보며 감사할 제목을 기록해봅시다.

1.

2.

3.

오늘의 기도 적용한 내용을 구체적으로 기도하고 마무리합니다.

E100 성경읽기 고린도후서 4:1–6:2

42 보라 새것이 되었도다

기도 주여, 오늘도 말씀을 통해 나를 하나님의 형상으로 새롭게 빚으소서.

성경읽기 고후 5:13–21

강권하시는 그리스도의 사랑

[13]우리가 만일 미쳤어도 하나님을 위한 것이요 정신이 온전하여도 너희를 위한 것이니 [14]그리
스도의 사랑이 우리를 강권하시는도다 우리가 생각하건대 한 사람이 모든 사람을 대신하여 죽
었은즉 모든 사람이 죽은 것이라 [15]그가 모든 사람을 대신하여 죽으심은 살아 있는 자들로 하여
금 다시는 그들 자신을 위하여 살지 않고 오직 그들을 대신하여 죽었다가 다시 살아나신 이를 위
하여 살게 하려 함이라 [16]그러므로 우리가 이제부터는 어떤 사람도 육신을 따라 알지 아니하노
라 비록 우리가 그리스도도 육신을 따라 알았으나 이제부터는 그같이 알지 아니하노라

새로운 피조물이 된 성도

[17]그런즉 누구든지 그리스도 안에 있으면 새로운 피조물이라 이전 것은 지나갔으니 보라 새
것이 되었도다 [18]모든 것이 하나님께로서 났으며 그가 그리스도로 말미암아 우리를 자기와 화
목하게 하시고 또 우리에게 화목하게 하는 직분을 주셨으니 [19]곧 하나님께서 그리스도 안에 계
시사 세상을 자기와 화목하게 하시며 그들의 죄를 그들에게 돌리지 아니하시고 화목하게 하는
말씀을 우리에게 부탁하셨느니라

그리스도의 사신이 된 바울

[20]그러므로 우리가 그리스도를 대신하여 사신이 되어 하나님이 우리를 통하여 너희를 권면하
시는 것 같이 그리스도를 대신하여 간청하노니 너희는 하나님과 화목하라 [21]하나님이 죄를 알
지도 못하신 이를 우리를 대신하여 죄로 삼으신 것은 우리로 하여금 그 안에서 하나님의 의가
되게 하려 하심이라

중심내용

바울은 하나님을 경외하는 마음과 죄인을 대신하여 죽으신 그리스도의 사랑 때문에 주님과 성도들을 위한 삶을 살게 되었고, 화목하게 하는 직책을 감당하고 있다고 말합니다. 바울은 자기 명성을 위해 복음을 전하지 않았습니다. 행한 대로 심판하시는 하나님 앞에서 그분을 기쁘시게 하기 위해서만 살았습니다. 그리고 교인들도 전하는 자들의 유창한 화술(11:5)과 천거서(3:1)와 과장된 자기 과시(10:10)에 매료되지 않기를 바랐습니다. 그가 숱한 조롱과 비난 속에서도 세상에서 가장 어리석게 보이는 그리스도의 십자가만 전한 것은, 자기를 대신하여 죽으신 그리스도의 '사랑' 때문이었습니다. 그리고 바울은 하나님이 그리스도를 통해 우리와 화목한 관계를 이루셨고, 세상과 하나님을 화해하게 하는 사역으로 우리를 부르셨다고 말합니다.

오늘의 묵상

하나님은 어떤 분입니까?

18-21절 그리스도를 통해 우리를 하나님과 화목하게 하시고, 하나님과 화목한 우리에게 이 화목의 직분을 맡기셨습니다. 사람들과 하나님의 화목을 실현시키시려고 내게 영광스러운 영의 직분(3:8), 의의 직분(3:9), 화목의 직분을 주셔서 '그리스도의 대사'로 세우신 것입니다. 그리고 나를 통해 세상 죄인들에게 하나님과 화해하도록 계속해서 호소하고 계십니다. 하나님과 화목한 나의 삶을 통해 세상에게 하나님과의 화해를 전하는 삶이 됩시다.

내게 주시는 교훈은 무엇입니까?

16, 17절 그리스도에 대한 인식의 변화가 바울의 삶과 인격 전체를 변화시켰습니다. 십자가에서 저주받아 죽은 유대 청년이 자기를 믿는 모든 사람을 대신하여 죽은 하나님 나라의 왕임을 깨닫고 영접하자, 바울은 전혀 새로운 사람으로 새 창조되었습니다. 새로운 생명을 얻었을 뿐 아니라 삶의 전 영역에서 살아계신 주님의 다스림에 복종하는 백성이 된 것입니다. 주님을 만난 후 내게서 변한 것은 무엇입니까? 내 결정을 주께서 기뻐하실지 묻기 시작했습니까?

오늘의 적용 묵상한 말씀을 오늘 내 삶에 어떻게 실천할지 적어봅시다.

오늘의 감사 하나님의 은혜를 돌아보며 감사할 제목을 기록해봅시다.

1.

2.

3.

오늘의 기도 적용한 내용을 구체적으로 기도하고 마무리합니다.

E100 성경읽기 베드로전서 1:1–2:12

43 순전하고 신령한 젖을 사모하라

기도 주여, 꾸준한 말씀묵상을 통해 어린아이의 순진함을 버리고 장성한 자의 성숙함에 이르게 하소서.

성경읽기 벧전 2:1–10

신령하고 순전한 젖을 사모하라

1그러므로 모든 악독과 모든 기만과 외식과 시기와 모든 비방하는 말을 버리고 2갓난 아기들
같이 순전하고 신령한 젖을 사모하라 이는 그로 말미암아 너희로 구원에 이르도록 자라게 하
려 함이라 3너희가 주의 인자하심을 맛보았으면 그리하라

모퉁이의 머릿돌이신 그리스도

4사람에게는 버린 바가 되었으나 하나님께는 택하심을 입은 보배로운 산 돌이신 예수께 나아
가 5너희도 산 돌 같이 신령한 집으로 세워지고 예수 그리스도로 말미암아 하나님이 기쁘게
받으실 신령한 제사를 드릴 거룩한 제사장이 될지니라 6성경에 기록되었으되 보라 내가 택한
보배로운 모퉁잇돌을 시온에 두노니 그를 믿는 자는 부끄러움을 당하지 아니하리라 하였으니
7그러므로 믿는 너희에게는 보배이나 믿지 아니하는 자에게는 건축자들이 버린 그 돌이 모퉁
이의 머릿돌이 되고 8또한 부딪치는 돌과 걸려 넘어지게 하는 바위가 되었다 하였느니라 그들
이 말씀을 순종하지 아니하므로 넘어지나니 이는 그들을 이렇게 정하신 것이라

성도의 변화된 신분

9그러나 너희는 택하신 족속이요 왕 같은 제사장들이요 거룩한 나라요 그의 소유가 된 백성이
니 이는 너희를 어두운 데서 불러내어 그의 기이한 빛에 들어가게 하신 이의 아름다운 덕을 선
포하게 하려 하심이라 10너희가 전에는 백성이 아니더니 이제는 하나님의 백성이요 전에는 긍
휼을 얻지 못하였더니 이제는 긍휼을 얻은 자니라

중심내용

베드로는 고난을 받고 버림받았지만 성전의 모퉁잇돌이 되신 예수님처럼, 성도들도 고난 중에 왕 같은 제사장으로서의 정체성을 기억하면서 구원에 이르도록 자라가라고 권면합니다. 말씀으로 거듭난 성도는(1:22) 말씀을 통해서 자라야 합니다. 영적으로 성장하기 위해서는 관계를 위태롭게 하는 모든 죄들(1절)을 '버리고', 순전하고 신령한 젖(말씀)을 '사모해야' 합니다. 그럴 때 불안하고 불확실한 세상에서 흔들리지 않고 장성한 자의 성숙함에 이를 수 있습니다. 그리고 세상에서 나그네로서 외면당하고 있지만 하나님께는 택하심을 입은 성도들에게, 사람에게서는 버림받았지만 하나님께는 택하심을 입은 예수께로 나아오라고 하십니다. 보배로운 피로 우리를 구속하신 보배로운 산돌처럼, 성전이요 대제사장이셨던 예수님처럼 신령한 집으로 세워지고 거룩한 제사장이 되라고 하십니다. 그래서 우리를 흑암에서 기이한 빛으로 부르신 하나님의 아름다운 성품과 은혜와 영광을 세상에 드러내라고 하십니다.

오늘의 묵상

내게 주시는 교훈은 무엇입니까?

1–3절 하나님의 말씀으로 '거듭났으니'(1:23) 이젠 '말세에 나타나기로 예비하신 구원'(1:5)에 이를 때까지 순전하고 신령한 젖을 사모해야 합니다. 진리를 알고 순종할 때 악독, 궤휼, 비방하는 말에서 벗어나 '깨끗한 영혼'으로 살 수 있고, 외식을 버리고 '거짓 없이' 형제를 사랑할 수 있기 때문입니다(1:22). 세상이 모함하고 모욕하더라도, 주의 인자하심을 맛보고 하나님께서 갚아주실 날을 믿는 우리가 그들과 똑같이 상대해서는 안 됩니다. 말씀이 없이도 나를 이기고 세상을 이길 만큼 유능한 갓난아이는 없습니다.

9, 10절 지금은 세상이 우리를 아무 쓸모없는 돌처럼 여기지만, 하나님께 우리는 택하신 족속이요, 왕 같은 제사장이요, 거룩한 나라요, 하나님의 소유된 백성입니다. 어둠에서 기이한 빛으로 부르시고, 큰 긍휼로 백성 아니던 우리를 백성으로 부르신 하나님을 드러내라고 부름받은 자들입니다. 이보다 더 보배로운 특권이 없고, 이보다 더 값진 사명도 없습니다.

오늘의 적용 묵상한 말씀을 오늘 내 삶에 어떻게 실천할지 적어봅시다.

오늘의 감사 하나님의 은혜를 돌아보며 감사할 제목을 기록해봅시다.

1.

2.

3.

오늘의 기도 적용한 내용을 구체적으로 기도하고 마무리합니다.

44 행함으로 믿음을 보이라

기도 주여, 저의 묵상이 하나님과의 인격적인 소통이 되고 실천적인 묵상에 이르도록 도와주소서.

성경읽기 약 2:14-26

행함이 없는 사람의 예

14내 형제들아 만일 사람이 믿음이 있노라 하고 행함이 없으면 무슨 유익이 있으리요 그 믿음이
능히 자기를 구원하겠느냐 15만일 형제나 자매가 헐벗고 일용할 양식이 없는데 16너희 중에 누
구든지 그에게 이르되 평안히 가라, 덥게 하라, 배부르게 하라 하며 그 몸에 쓸 것을 주지 아니
하면 무슨 유익이 있으리요 17이와 같이 행함이 없는 믿음은 그 자체가 죽은 것이라 18어떤 사
람은 말하기를 너는 믿음이 있고 나는 행함이 있으니 행함이 없는 네 믿음을 내게 보이라 나는
행함으로 내 믿음을 네게 보이리라 하리라 19네가 하나님은 한 분이신 줄을 믿느냐 잘하는도다
귀신들도 믿고 떠느니라 20아아 허탄한 사람아 행함이 없는 믿음이 헛것인 줄을 알고자 하느냐

행함이 있는 믿음의 예

21우리 조상 아브라함이 그 아들 이삭을 제단에 바칠 때에 행함으로 의롭다 하심을 받은 것이
아니냐 22네가 보거니와 믿음이 그의 행함과 함께 일하고 행함으로 믿음이 온전하게 되었느니
라 23이에 성경에 이른 바 아브라함이 하나님을 믿으니 이것을 의로 여기셨다는 말씀이 이루
어졌고 그는 하나님의 벗이라 칭함을 받았나니 24이로 보건대 사람이 행함으로 의롭다 하심을
받고 믿음으로만은 아니니라 25또 이와 같이 기생 라합이 사자들을 접대하여 다른 길로 나가게
할 때에 행함으로 의롭다 하심을 받은 것이 아니냐 26영혼 없는 몸이 죽은 것 같이 행함이 없는
믿음은 죽은 것이니라

중심내용

형제사랑을 권했던(8-13절) 야고보는, 이제 그 권면을 실천으로 옮기는 것이 참된 믿음이라고 말합니다. 행함이 없는 믿음의 허위성을 실례(15-20절)를 들어 설명하고, 실천하는 믿음의 예로 아브라함과 라합을 제시합니다. 야고보는 실천하지 않는 믿음은 소용이 없다고 말합니다. 형제를 외적인 조건으로 판단하고 내 이익의 수단으로 삼고 약자의 고통을 외면한 채 내 배만 채우는 삶에 결코 예수님이 왕이 되실 수 없고 구원자도 되실 수 없기 때문입니다. 그리고 야고보는 귀신들의 믿음을 소개하면서 단순히 교리를 인정하는 지식적인 믿음의 위험성을 지적합니다(18-19절). 진정한 믿음은 신학적인 어떤 명제에 대한 지적 동의가 아니라 하나님과 인격적인 소통을 누리며 변화된 삶을 살아가는 실천적인 믿음이기 때문입니다. 행함이 있는 믿음의 예로 두 사람을 소개합니다. 외아들 이삭을 바치라는 하나님의 뜻에 순종함으로 의롭다고 인정을 받은 아브라함, 목숨 걸고 정탐꾼들을 영접함으로 의롭다함을 얻은 이방인 기생 라합입니다. 호흡하지 않는 사람이 죽은 사람이듯, 행함 없는 믿음은 죽은 믿음입니다.

오늘의 묵상

내게 주시는 교훈은 무엇입니까?

14, 19, 26절 우리를 구원하는 참 믿음은 실천을 동반한 믿음입니다. 열매로 나무를 알 듯 마음의 진실은 행위로만 증명됩니다. 귀신도 머리와 입으로는 유일신 하나님을 알고 인정하지만, 늘 그분의 길을 방해하고 성도들을 속일 뿐입니다. 숨 쉬지 않는 몸이 죽은 몸이듯, 행함 없이 지적인 동의에 그치는 믿음은 뜬구름 잡는 것이며 실상 아무도 살리지 못하는 죽은 믿음입니다. 헛된 믿음만 자랑하다가 허탄한 인생으로 끝나지 않도록 경성합시다.

25절 외모로 보면 라합은 아브라함과 너무나 달랐습니다. 여자이고 이방인인 데다가 창기였습니다. 하지만 라합은 눈에 보이는 거대한 성 여리고와 그들의 군사력을 의지하지 않고, 애굽의 바로를 심판하신 여호와 하나님 편에 섰습니다. 그것은 하나님을 향한 신뢰를 실천에 옮긴 목숨을 건 믿음이었습니다. 라합은 외모로 판단하지 않으시는 하나님이 참으로 기뻐하실 믿음에 부요한 자녀였습니다. 내 믿음은 어떻게 증명되고 있습니까?

오늘의 적용 묵상한 말씀을 오늘 내 삶에 어떻게 실천할지 적어봅시다.

오늘의 감사 하나님의 은혜를 돌아보며 감사할 제목을 기록해봅시다.

1.

2.

3.

오늘의 기도 적용한 내용을 구체적으로 기도하고 마무리합니다.

45

E100 성경읽기 요한일서 3:1–4:21

사랑은 여기 있으니

기도 주님을 알면 알수록 주님을 더 사랑하게 하시고 더 닮아가게 하소서.

성경읽기 요일 4:11–21

사랑하는 것이 마땅하다

11사랑하는 자들아 하나님이 이같이 우리를 사랑하셨은즉 우리도 서로 사랑하는 것이 마땅하
도다 12어느 때나 하나님을 본 사람이 없으되 만일 우리가 서로 사랑하면 하나님이 우리 안에
거하시고 그의 사랑이 우리 안에 온전히 이루어지느니라 13그의 성령을 우리에게 주시므로 우
리가 그 안에 거하고 그가 우리 안에 거하시는 줄을 아느니라

예수를 아는 지식과 온전한 사랑

14아버지가 아들을 세상의 구주로 보내신 것을 우리가 보았고 또 증언하노니 15누구든지 예수
를 하나님의 아들이라 시인하면 하나님이 그의 안에 거하시고 그도 하나님 안에 거하느니라
16하나님이 우리를 사랑하시는 사랑을 우리가 알고 믿었노니 하나님은 사랑이시라 사랑 안에
거하는 자는 하나님 안에 거하고 하나님도 그의 안에 거하시느니라 17이로써 사랑이 우리에게
온전히 이루어진 것은 우리로 심판 날에 담대함을 가지게 하려 함이니 주께서 그러하심과 같
이 우리도 이 세상에서 그러하니라 18사랑 안에 두려움이 없고 온전한 사랑이 두려움을 내쫓
나니 두려움에는 형벌이 있음이라 두려워하는 자는 사랑 안에서 온전히 이루지 못하였느니라

형제 사랑으로 증명된 하나님 사랑

19우리가 사랑함은 그가 먼저 우리를 사랑하셨음이라 20누구든지 하나님을 사랑하노라 하고
그 형제를 미워하면 이는 거짓말하는 자니 보는 바 그 형제를 사랑하지 아니하는 자는 보지 못
하는 바 하나님을 사랑할 수 없느니라 21우리가 이 계명을 주께 받았나니 하나님을 사랑하는
자는 또한 그 형제를 사랑할지니라

중심내용

사도 요한은 사랑의 삶과 예수님을 하나님의 아들로 인정하는 바른 믿음은 하나님의 내주(來住)를 가능케 하고, 심판에 대한 두려움을 내쫓는다고 말합니다. 예수님을 세상의 구주요 하나님의 아들로 인정하고 하나님의 사랑 안에 거하는 자는 하나님 안에 거하는 자이며, 하나님도 그 사람 안에 거하십니다. 그리고 하나님의 사랑에 근거한 형제 사랑은 두려움 없는 담대함을 낳는다고 말합니다. 보이지 않는 하나님을 향해 말로 한 사랑 고백은 눈에 보이는 형제를 향한 실천하는 사랑으로만 증명된다고 강조합니다.

오늘의 묵상

하나님은 어떤 분입니까?

11, 19절 사랑해야 할 이유와 사랑할 수 있는 능력은 자격 없는 우리를 먼저 사랑하신 하나님의 사랑에 있습니다. 그 사랑을 받았기에 마땅히 우리도 사랑해야 하고, 그 사랑의 하나님이 내주해주시니 우리도 사랑할 수 있게 된 것입니다.

내게 주시는 교훈은 무엇입니까?

12절 하나님을 눈으로 볼 수도, 손으로 만질 수도 없지만, 하나님이 예수님을 통해 가르쳐 주신 대로 사랑하면, 하나님의 내주하심을 알 수 있고, 보잘것없게 시작한 그 사랑도 점점 온전해져갑니다. 사랑해야 하기에 순종하기 시작했지만, 나 자신이 점점 사랑의 사람이 되어가고, 하나님을 본 적이 없는 세상도 나를 통해 하나님의 존재를 알아가는 것입니다.

17, 18절 실천하는 사랑은 우리에게서 심판에 대한 두려움을 몰아내고 담대함을 줍니다. 사랑할 때만큼 마음이 떳떳하고 든든할 때가 없을 것입니다. 사랑으로 시작했다면 위협과 고난 앞에서 인내할 수 있고, 실패와 오해 앞에서도 넘어지지 않으며, 찬사와 환호가 없더라도 낙심하지 않을 수 있습니다. 주님이 인정하신다고 생각할 때 우리는 가장 행복하고 담대해집니다.

오늘의 적용 묵상한 말씀을 오늘 내 삶에 어떻게 실천할지 적어봅시다.

오늘의 감사 하나님의 은혜를 돌아보며 감사할 제목을 기록해봅시다.

1.

2.

3.

오늘의 기도 적용한 내용을 구체적으로 기도하고 마무리합니다.

E100 성경읽기 요한계시록 1:1–20

46 예수 그리스도의 환상

기도 말씀 묵상을 통해 하나님을 아는 바른 지식과 바른 신앙에 이르게 하소서.

성경읽기 계 1:9–20

밧모 섬의 요한이 부름을 받다

9 나 요한은 너희 형제요 예수의 환난과 나라와 참음에 동참하는 자라 하나님의 말씀과 예수를
증언하였음으로 말미암아 밧모라 하는 섬에 있었더니 10 주의 날에 내가 성령에 감동되어 내
뒤에서 나는 나팔 소리 같은 큰 음성을 들으니 11 이르되 네가 보는 것을 두루마리에 써서 에베
소, 서머나, 버가모, 두아디라, 사데, 빌라델비아, 라오디게아 등 일곱 교회에 보내라 하시기로

요한이 본 예수님에 대한 환상

12 몸을 돌이켜 나에게 말한 음성을 알아 보려고 돌이킬 때에 일곱 금 촛대를 보았는데 13 촛대
사이에 인자 같은 이가 발에 끌리는 옷을 입고 가슴에 금띠를 띠고 14 그의 머리와 털의 희기가
흰 양털 같고 눈 같으며 그의 눈은 불꽃 같고 15 그의 발은 풀무불에 단련한 빛난 주석 같고 그의
음성은 많은 물 소리와 같으며 16 그의 오른손에 일곱 별이 있고 그의 입에서 좌우에 날선 검이
나오고 그 얼굴은 해가 힘있게 비치는 것 같더라

요한의 반응과 예수님의 명령

17 내가 볼 때에 그의 발 앞에 엎드러져 죽은 자 같이 되매 그가 오른손을 내게 얹고 이르시되 두
려워하지 말라 나는 처음이요 마지막이니 18 곧 살아 있는 자라 내가 전에 죽었었노라 볼지어다
이제 세세토록 살아 있어 사망과 음부의 열쇠를 가졌노니 19 그러므로 네가 본 것과 지금 있는
일과 장차 될 일을 기록하라 20 네가 본 것은 내 오른손의 일곱 별의 비밀과 또 일곱 금 촛대라
일곱 별은 일곱 교회의 사자요 일곱 촛대는 일곱 교회니라

중심내용

예수님을 증거하다가 밧모 섬에 유배 중이던 요한은, 죽었다 살아나셔서 사망과 음부의 열쇠를 가지신 예수님의 이상을 보았습니다. 예수님은 온 인류를 위해 속죄하시는 대제사장이시며('발에 끌리는 옷', 출 28:4), 하나님 나라의 왕권을 받는 '인자 같은' 분(단 7:13)이십니다. 온 우주를 심판하실 분이며('불꽃같은 눈', '입의 날선 검'), 영광과 권능을 가지신 하나님과 동등하신 분이십니다. 이 예수께서 '촛대'(교회) 사이로 다니시면서 일곱 별(교회의 사자)을 능한 오른손으로 붙들고 계신다는 사실이, 환난 중에 인내하던 교회에는 큰 위로가 되었을 것입니다. 예수님의 이상을 본 요한은 그 영광과 위엄에 압도되어 죽은 자 같이 엎드러졌습니다. 주를 위해 환난에 동참하던 신실한 종이었지만, 순결하고 거룩한 분 앞에 서는 것은 도저히 감당할 수 없었을 것입니다. 하지만 주님이 '두려워 말라'는 말씀으로 요한을 초대하셨듯이, 지금도 우리를 영광스러운 주님과의 교제로 초대하십니다.

오늘의 묵상

예수님은 어떤 분입니까?

18-20절 처음이요 나중이시고, 죽음을 이기고 세세토록 살아계시면서 사망과 음부의 열쇠를 가지고 계십니다. 그러니 환난이 교회를 넘어뜨릴 수 없고, 음부의 권세가 교회를 이길 수 없습니다. 그리고 아무것도 성도들을 그리스도의 사랑에서 끊을 수 없습니다. 우리 교회는 이 주님의 오른손에 붙들린 교회입니까? 예수님이 내 인생과 우리 공동체에서 왕 노릇 하시도록 전적으로 맡겨드립시다.

내게 주시는 교훈은 무엇입니까?

9, 10절 요한은 사도이면서 성도들을 '형제'로 부릅니다. 상투적인 호칭이 아니었습니다. 요한도 그들처럼 하나님의 말씀과 예수를 증거한 것 때문에 환난과 나라와 인내에 동참하며 그들의 고통을 이해하는 형제였습니다. 이 시대에 하나님 나라에 참여하는 일은 나 혼자 몫이 아닙니다. 나는 철저히 이기적인 세상에서 공동체와 함께 소명을 감당하며 함께 시련을 견뎌내는 형제로 살고 있습니까?

오늘의 적용 묵상한 말씀을 오늘 내 삶에 어떻게 실천할지 적어봅시다.

오늘의 감사 하나님의 은혜를 돌아보며 감사할 제목을 기록해봅시다.

1.

2.

3.

오늘의 기도 적용한 내용을 구체적으로 기도하고 마무리합니다.

E100 성경읽기 요한계시록 2:1–3:22

47

차든지 뜨겁든지 하라

기도 말씀 앞에 정직하게 서게 하시고, 말씀이 비추는 내 모습을 부정하지 않게 하소서.

성경읽기 계 3:14–22

라오디게아 교회를 향한 책망

14라오디게아 교회의 사자에게 편지하라 아멘이시요 충성되고 참된 증인이시요 하나님의 창
조의 근본이신 이가 이르시되 15내가 네 행위를 아노니 네가 차지도 아니하고 뜨겁지도 아니
하도다 네가 차든지 뜨겁든지 하기를 원하노라 16네가 이같이 미지근하여 뜨겁지도 아니하고
차지도 아니하니 내 입에서 너를 토하여 버리리라 17네가 말하기를 나는 부자라 부요하여 부
족한 것이 없다 하나 네 곤고한 것과 가련한 것과 가난한 것과 눈 먼 것과 벌거벗은 것을 알지
못하는도다

회개의 촉구와 약속

18내가 너를 권하노니 내게서 불로 연단한 금을 사서 부요하게 하고 흰 옷을 사서 입어 벌거벗
은 수치를 보이지 않게 하고 안약을 사서 눈에 발라 보게 하라 19무릇 내가 사랑하는 자를 책
망하여 징계하노니 그러므로 네가 열심을 내라 회개하라 20볼지어다 내가 문 밖에 서서 두드
리노니 누구든지 내 음성을 듣고 문을 열면 내가 그에게로 들어가 그와 더불어 먹고 그는 나
와 더불어 먹으리라 21이기는 그에게는 내가 내 보좌에 함께 앉게 하여 주기를 내가 이기고 아
버지 보좌에 함께 앉은 것과 같이 하리라 22귀 있는 자는 성령이 교회들에게 하시는 말씀을 들
을지어다

중심내용

예수님은 우리를 지으신 분이며 진리로 판단하십니다. 그래서 예수님은 부유하고 화려했던 라오디게아 교회의 겉만 보고 평가하지 않으시고, 그들 내면의 실상과 그릇된 자기 인식을 지적하셨습니다. 궁핍했지만 실상은 부요했던 서머나 교회(2:9)와는 달리, 라오디게아 교회는 다 가졌지만 하나도 갖지 못한 교회였습니다. 하나님과 재물을 겸하여 섬기는 동안 눈멀고 벌거벗은 부끄러운 교회가 되어버렸습니다. 외식하였고 착각하였습니다. 벌거벗은 임금님처럼, 조롱과 수치를 당하는 줄 모르고 자기 기준에 취해 살았습니다. 예수님은 차지도, 덥지도 않은 라오디게아 교회의 신앙을 역겨워하셨습니다. 회개하지 않으면 토해내겠다고 경고하십니다. 부요하고 풍족한 삶을 하나님의 축복으로 착각한 그들의 신앙에서 생명력과 역동성과 거룩한 긴장을 찾아볼 수 없었습니다. 그래서 예수님은 돌덩이에 불과한 금 대신에 연단한 금(정결해진 성품, 믿음)을 사서 영적으로 부요해지고, 흰 옷(정결한 삶)으로 수치를 가려 성도의 정체성을 되찾으며, 안약(영적 분별력)을 사라고 하십니다. 이렇게 구체적인 실천을 동반한 열심만을 진정한 회개로 인정하겠다고 하십니다.

오늘의 묵상

예수님은 어떤 분입니까?

15, 16절 차지도, 덥지도 않은 미지근한 신앙을 역겨워하십니다. 그들에게 박해는 없고, 물질은 넘쳐났습니다. 외적인 안전과 평안을 하나님의 인정과 축복으로 여기며 안주했습니다. 열정은 사라졌고, 열심은 떠났으며, 예리한 분별력도 잃어버렸습니다. 쉽게 타협하고 입술로만 고백하고, 형식적인 예배만 있고 삶의 열매는 없었습니다. 그러고도 아쉬움이 없었습니다. 외모가 아닌 진리로 판단하시는 주님께서 나와 우리 공동체를 보실 때 어떻게 평가하실까요?

내게 주시는 교훈은 무엇입니까?

17절 너무 풍족한 게 문제였습니다. 부자가 된다는 것이 세상과의 타협 없이는 불가능했던 곳에서 그들은 하나님과 재물을 겸하여 섬기며 부족함 없이 누렸지만, 실상은 가난하고 눈멀고 벌거벗은 자들이었습니다. 우리도 부지불식간에 물질적 부요만을 추구하고 장려하지는 않았습니까? 주님은 오늘도 자기 소유와 건강과 세상의 보호막을 의지하는 삶을 떠나 주님을 영접하고 주님을 의지하고 주님과 교제하는 삶으로 우리를 부르십니다.

오늘의 적용 묵상한 말씀을 오늘 내 삶에 어떻게 실천할지 적어봅시다.

오늘의 감사 하나님의 은혜를 돌아보며 감사할 제목을 기록해봅시다.

1.

2.

3.

오늘의 기도 적용한 내용을 구체적으로 기도하고 마무리합니다.

E100 성경읽기 요한계시록 4:1–7:17

48 보좌에 계신 창조주 하나님

기도 오늘도 말씀으로 나를 새롭게 빚으소서.

성경읽기 계 4:1–11

하늘의 환상을 보다

1이 일 후에 내가 보니 하늘에 열린 문이 있는데 내가 들은 바 처음에 내게 말하던 나팔 소리 같
은 그 음성이 이르되 이리로 올라오라 이 후에 마땅히 일어날 일들을 내가 네게 보이리라 하시
더라 2내가 곧 성령에 감동되었더니 보라 하늘에 보좌를 베풀었고 그 보좌 위에 앉으신 이가 있
는데

보좌의 하나님과 보좌 주변에 대한 환상

3앉으신 이의 모양이 벽옥과 홍보석 같고 또 무지개가 있어 보좌에 둘렸는데 그 모양이 녹보석
같더라 4또 보좌에 둘려 이십사 보좌들이 있고 그 보좌들 위에 이십사 장로들이 흰 옷을 입고 머
리에 금관을 쓰고 앉았더라 5보좌로부터 번개와 음성과 우렛소리가 나고 보좌 앞에 켠 등불 일
곱이 있으니 이는 하나님의 일곱 영이라 6보좌 앞에 수정과 같은 유리 바다가 있고 보좌 가운데
와 보좌 주위에 네 생물이 있는데 앞뒤에 눈들이 가득하더라 7그 첫째 생물은 사자 같고 그 둘째
생물은 송아지 같고 그 셋째 생물은 얼굴이 사람 같고 그 넷째 생물은 날아가는 독수리 같은데

네 생물과 이십사 장로들의 환상

8네 생물은 각각 여섯 날개를 가졌고 그 안과 주위에는 눈들이 가득하더라 그들이 밤낮 쉬지 않
고 이르기를 거룩하다 거룩하다 거룩하다 주 하나님 곧 전능하신 이여 전에도 계셨고 이제도
계시고 장차 오실 이시라 하고 9그 생물들이 보좌에 앉으사 세세토록 살아 계시는 이에게 영광
과 존귀와 감사를 돌릴 때에 10이십사 장로들이 보좌에 앉으신 이 앞에 엎드려 세세토록 살아
계시는 이에게 경배하고 자기의 관을 보좌 앞에 드리며 이르되 11우리 주 하나님이여 영광과
존귀와 권능을 받으시는 것이 합당하오니 주께서 만물을 지으신지라 만물이 주의 뜻대로 있었
고 또 지으심을 받았나이다 하더라

중심내용

창조주 하나님의 위엄과 영광이 다양한 상징들을 통해 묘사됩니다. 피조물을 대표하는 네 생물과 하나님의 백성의 대표인 이십사 장로들이 쉼 없이 찬양합니다. 특히 피조물을 대표하는 네 생물이 보좌 가운데와 주위를 조화롭게 둘러싸고 있는 모습은 창조주 하나님과 피조물 사이의 이상적인 관계를 묘사하고 있습니다. 이들의 많은 '눈'은 이 피조물들이 온 세상에 편재하시는 하나님의 임재의 대리인들로서 주의 뜻을 세상에 전달하고 주의 마음으로 세상을 살피는 사명을 가졌음을 보여줍니다(6:1–8). 하나님과 피조물과 인간이 모두 다 샬롬을 누린 에덴동산의 모습이며, 이것은 새 창조가 완성될 때 우리가 보기를 기대하는 회복의 그림입니다.

오늘의 묵상

하나님은 어떤 분입니까?

2, 3절 세상 권력이 아무리 위세 등등하고 성도들이 핍박을 받는다 해도 하늘의 보좌에 앉아 다스리시는 분은 하나님 한 분뿐입니다. 하나님의 영광은 벽옥과 홍보석과 녹보석 '같이' 빛나며 무지개가 장엄하게 비추고 있습니다. 이 보석들은 에덴(겔 28:13)과 성전(출 28:17-20)과 새 예루살렘(계 21:18-20)을 묘사할 때 등장하며, 무지개는 새 창조를 내다보는 노아 언약을 떠올립니다. 즉 보석과 무지개가 비추는 하나님의 영광은 새 창조를 완성하실 하나님을 기대하게 해줍니다. 하나님께 집중하는 예배의 회복을 통해 인생의 중심을 다시 잡으십시오.

내게 주시는 교훈은 무엇입니까?

1, 8-11절 하늘의 관점에서 바라보기 시작할 때 찬양할 수 있습니다. 찬양은 근본적으로 하나님 중심입니다. 그분이 살아계시고, 찬양받기에 합당하시며, 모든 만물의 통치자이심을 기억하고 확인할 때마다 우리는 찬양할 수 있습니다. 그분의 보좌에서 내 인생을 내려다보고 영원의 관점으로 현재를 보고 현재를 넘어서는 상상력을 가질 때, 밤낮 쉬지 않고 부르는 찬양이 흘러나올 것입니다.

오늘의 적용 묵상한 말씀을 오늘 내 삶에 어떻게 실천할지 적어봅시다.

오늘의 감사 하나님의 은혜를 돌아보며 감사할 제목을 기록해봅시다.

1.

2.

3.

오늘의 기도 적용한 내용을 구체적으로 기도하고 마무리합니다.

E100 성경읽기 요한계시록 19:1–20:15

49 음녀의 멸망과 신부의 혼인

기도 주여, 말씀 묵상이 나의 외식적인 도구가 아니라 내면을 단장하는 거룩한 일이 되기를 원합니다.

성경읽기 계 19:1–10

성도들의 승리의 찬양

1이 일 후에 내가 들으니 하늘에 허다한 무리의 큰 음성 같은 것이 있어 이르되 할렐루야 구원
과 영광과 능력이 우리 하나님께 있도다 2그의 심판은 참되고 의로운지라 음행으로 땅을 더럽
게 한 큰 음녀를 심판하사 자기 종들의 피를 그 음녀의 손에 갚으셨도다 하고 3두 번째로 할렐
루야 하니 그 연기가 세세토록 올라가더라 4또 이십사 장로와 네 생물이 엎드려 보좌에 앉으신
하나님께 경배하여 이르되 아멘 할렐루야 하니

어린 양의 혼인 잔치

5보좌에서 음성이 나서 이르시되 하나님의 종들 곧 그를 경외하는 너희들아 작은 자나 큰 자나
다 우리 하나님께 찬송하라 하더라 6또 내가 들으니 허다한 무리의 음성과도 같고 많은 물소리
와도 같고 큰 우렛소리와도 같은 소리로 이르되 할렐루야 주 우리 하나님 곧 전능하신 이가 통
치하시도다 7우리가 즐거워하고 크게 기뻐하며 그에게 영광을 돌리세 어린 양의 혼인 기약이
이르렀고 그의 아내가 자신을 준비하였으므로 8그에게 빛나고 깨끗한 세마포 옷을 입도록 허
락하셨으니 이 세마포 옷은 성도들의 옳은 행실이로다 하더라

청함을 받은 자는 복되다

9천사가 내게 말하기를 기록하라 어린 양의 혼인 잔치에 청함을 받은 자들은 복이 있도다 하고
또 내게 말하되 이것은 하나님의 참되신 말씀이라 하기로 10내가 그 발 앞에 엎드려 경배하려
하니 그가 나에게 말하기를 나는 너와 및 예수의 증언을 받은 네 형제들과 같이 된 종이니 삼가
그리하지 말고 오직 하나님께 경배하라 예수의 증언은 예언의 영이라 하더라

중심내용

오늘 본문은 음녀 바벨론을 멸하신 하나님의 의로운 심판을 찬양하는 장면과 어린양의 신부인 교회가 혼인 잔치에 초청을 받아 즐거워하고 기뻐하는 장면이 이어집니다. 바벨론의 멸망을 보며 '즐거워하라'는 천사의 말에 하나님의 백성들이 찬양으로 화답합니다. 그들은 음행으로 땅을 더럽히고 하나님의 종들을 피 흘리게 했던 바벨론에 대한 심판이 얼마나 언약에 신실하고 또 공명정대한 판결이었는지 노래합니다. 어린양의 혼인 잔치와 신부인 교회를 위해 주께서 친히 빛나고 깨끗한 세마포를 준비해주십니다. 이것은 음녀가 차려입은 사치와 허영의 옷과 대조되는 것으로, 목숨을 걸고 우상에게 절하지 않고 신실한 그리스도의 증인으로 살면서 스스로 예비한 신부에게 너무도 잘 어울리는 예복입니다. 어린양의 혼인 잔치에 청함을 받고, 그 잔치에서 그분과 더불어 먹고 교제하는 것은 무엇과도 견줄 수 없는 '복'입니다.

오늘의 묵상

내게 주시는 교훈은 무엇입니까?

6-8절 우리가 깨끗하고 정결한 행실로 핍박 중에도 신앙의 정절을 잃지 않을 때, 주님은 우리를 어린양의 혼인 잔치로 초청해주시고 세마포 예복을 입혀주십니다. 겉은 화려했지만 속에는 더럽고 가증한 것이 가득 찬 음녀 바벨론은 절대 초청 받지 못합니다. 우리가 세상의 '축복'을 얻는 데 관심을 빼앗긴다면 결코 어린양의 신부로 어울리지 않습니다. 날 구속하신 어린양의 신부가 되기에 합당한 사람이 되는 것이 내 삶의 목표입니까?

10절 천사는 경배를 거절합니다. 자신도 대언하는 종에 불과하다고 인정합니다. 하나님께 돌아가야 할 영광이 하나님께만 흘러가도록 신실한 매개자가 되었습니다. 주님만을 영화롭게 하는 종의 사명을 잘 감당하고 있습니까? 내가 유능하다는 인상과 주께서 전지전능하시다는 인상을 동시에 줄 수 있는 길은 없습니다. 박해만큼이나 자기우상화의 유혹이 복음증거자들을 넘어뜨리는 사탄의 강력한 무기입니다.

오늘의 적용 묵상한 말씀을 오늘 내 삶에 어떻게 실천할지 적어봅시다.

오늘의 감사 하나님의 은혜를 돌아보며 감사할 제목을 기록해봅시다.

1.

2.

3.

오늘의 기도 적용한 내용을 구체적으로 기도하고 마무리합니다.

E100 성경읽기 요한계시록 21:1–22:21

50 내가 만물을 새롭게 하노라

기도 어두운 세상에 주의 영광의 빛을 드러내도록 보내신 자리에서 주의 빛으로 살게 하소서.

성경읽기 계 21:1–8

새 창조: 새 하늘과 새 땅, 새 예루살렘

1 또 내가 새 하늘과 새 땅을 보니 처음 하늘과 처음 땅이 없어졌고 바다도 다시 있지 않더라 2 또
내가 보매 거룩한 성 새 예루살렘이 하나님께로부터 하늘에서 내려오니 그 준비한 것이 신부
가 남편을 위하여 단장한 것 같더라

임마누엘의 성취와 결과

3 내가 들으니 보좌에서 큰 음성이 나서 이르되 보라 하나님의 장막이 사람들과 함께 있으매
하나님이 그들과 함께 계시리니 그들은 하나님의 백성이 되고 하나님은 친히 그들과 함께 계
셔서 4 모든 눈물을 그 눈에서 닦아 주시니 다시는 사망이 없고 애통하는 것이나 곡하는 것이
나 아픈 것이 다시 있지 아니하리니 처음 것들이 다 지나갔음이러라 5 보좌에 앉으신 이가 이
르시되 보라 내가 만물을 새롭게 하노라 하시고 또 이르시되 이 말은 신실하고 참되니 기록하
라 하시고

이기는 자와 둘째 사망을 얻는 자

6 또 내게 말씀하시되 이루었도다 나는 알파와 오메가요 처음과 마지막이라 내가 생명수 샘물
을 목마른 자에게 값없이 주리니 7 이기는 자는 이것들을 상속으로 받으리라 나는 그의 하나님
이 되고 그는 내 아들이 되리라 8 그러나 두려워하는 자들과 믿지 아니하는 자들과 흉악한 자들
과 살인자들과 음행하는 자들과 점술가들과 우상 숭배자들과 거짓말하는 모든 자들은 불과 유
황으로 타는 못에 던져지리니 이것이 둘째 사망이라

중심내용

악의 세력이 진멸되고 새 창조가 완성되는 모습을 소개합니다. 하나님은 자기 백성과 하나가 되어 그들에게 영생과 안식을 선물하시지만, 악인들에게는 영원한 둘째 사망을 줄 것입니다. 하나님이 만물을 새롭게 하실 것입니다. 처음 하늘과 땅은 사라지고, 악의 근원(13장)이던 바다가 하나님의 심판으로 파멸되면, 성도들에게는 더 이상 죽음도 슬픔도 없을 것입니다. 뼈저리고 가혹한 이별도 더는 없을 것입니다. 그날에는 애통함도 고통도 없이 구속을 통해 완성된 영원한 안식을 누릴 것입니다. 기다리고 기다리던 가족들과의 재회가 있을 것입니다. 이 땅에서 아픔을 참아가며 전투하던 교회는 승리에 환호하는 교회가 될 것입니다. 언약은 신실하게 성취되고, 하나님은 성도들을 신부와 백성과 성전으로 삼아, 영원토록 임마누엘 하실 것입니다. 눈에 보이는 권력의 위협을 두려워하여 변절과 거짓과 행음과 우상숭배의 요구에 굴복하는 자는 둘째 사망을 당하게 하실 것입니다.

오늘의 묵상

하나님은 어떤 분입니까?

1, 5절 예수님이 재림하시면 이미 있던 만물과 옛 질서가 전격적이고 철저하게 새로워질 것입니다. 처음 하늘과 땅의 존재감을 거의 느낄 수 없을 만큼 완전하게 갱신될 것입니다. 창조의 본래 의도가 완성되는 그날, 만물이 탄식하는 소리도 그치고 에덴의 풍요로움과 샬롬을 마음껏 누릴 것입니다. 광야의 길을 걸어가느라 얼마나 고단하십니까? 미래에 누릴 영광을 내다봄으로 극복해가 봅시다. 주님 오실 때까지 묵상하며 순례하는 모든 성도에게 주 예수의 은혜가 있기를 바랍니다.

내게 주시는 교훈은 무엇입니까?

2절 주님의 재림으로 완성될 교회 즉 어린양의 신부의 모습을 '거룩한 성 새 예루살렘'의 모습으로 묘사합니다. 바벨론이 '음란하고' '크고' 사치스러운 성읍이었던 것과 대조됩니다. 우리는 많은 '흠'을 쉽게 용납하면서 '큰' 것에 환호하지만, 하나님은 '정결'로 단장한 신부를 기대하며 기다리십니다. 어린양의 신부로서 교회가 추구해야 할 것은 '거대함'이 아니라 '거룩함'입니다.

오늘의 적용 묵상한 말씀을 오늘 내 삶에 어떻게 실천할지 적어봅시다.

오늘의 감사 하나님의 은혜를 돌아보며 감사할 제목을 기록해봅시다.

1.

2.

3.

오늘의 기도 적용한 내용을 구체적으로 기도하고 마무리합니다.

주의 길을 준비하라

함께 드리는 찬양 　한 주 만에 다시 만나게 하심을 감사하면서 함께 찬양합시다.

은혜 나누기 　지난 한 주 동안 말씀을 통해 하나님의 은혜와 인도를 경험한 것을 나눠봅시다.

함께 드리는 기도 　한 주간 하나님께서 허락하신 은혜와 기도제목을 생각하며 함께 기도합니다.

성경 읽기 　누가복음 3:1-14

1디베료 황제가 통치한 지 열다섯 해 곧 본디오 빌라도가 유대의 총독으로, 헤롯이 갈릴리의
분봉왕으로, 그 동생 빌립이 이두래와 드라고닛 지방의 분봉 왕으로, 루사니아가 아빌레네의
분봉 왕으로, 2안나스와 가야바가 대제사장으로 있을 때에 하나님의 말씀이 빈 들에서 사가랴
의 아들 요한에게 임한지라 3요한이 요단 강 부근 각처에 와서 죄 사함을 받게 하는 회개의 세
례를 전파하니 4선지자 이사야의 책에 쓴 바 광야에서 외치는 자의 소리가 있어 이르되 너희는
주의 길을 준비하라 그의 오실 길을 곧게 하라 5모든 골짜기가 메워지고 모든 산과 작은 산이
낮아지고 굽은 것이 곧아지고 험한 길이 평탄하여질 것이요 6모든 육체가 하나님의 구원하심
을 보리라 함과 같으니라 7요한이 세례 받으러 나아오는 무리에게 이르되 독사의 자식들아 누
가 너희에게 일러 장차 올 진노를 피하라 하더냐

8그러므로 회개에 합당한 열매를 맺고 속으로 아브라함이 우리 조상이라 말하지 말라 내가 너
희에게 이르노니 하나님이 능히 이 돌들로도 아브라함의 자손이 되게 하시리라 9이미 도끼가
나무 뿌리에 놓였으니 좋은 열매 맺지 아니하는 나무마다 찍혀 불에 던져지리라 10무리가 물어
이르되 그러면 우리가 무엇을 하리이까 11대답하여 이르되 옷 두 벌 있는 자는 옷 없는 자에게
나눠 줄 것이요 먹을 것이 있는 자도 그렇게 할 것이니라 하고 12세리들도 세례를 받고자 하여
와서 이르되 선생이여 우리는 무엇을 하리이까 하매 13이르되 부과된 것 외에는 거두지 말라
하고 14군인들도 물어 이르되 우리는 무엇을 하리이까 하매 이르되 사람에게서 강탈하지 말며
거짓으로 고발하지 말고 받는 급료를 족한 줄로 알라 하니라

도입

하나님의 말씀이 빈 들(광야)에 있는 세례 요한에게 임합니다. 그는 광야의 외치는 자의 소리로서 오실 주님의 길을 예비합니다. 죄 사함을 얻게 하는 회개의 세례를 전파하여 백성들이 주님(왕)을 영접할 준비를 하게 합니다.

말씀과 나눔

1. 세례 요한의 등장과 선포는 예언의 성취(사40:3; 눅1:13-17)였습니다(1-6절).

1) 하나님의 말씀이 언제, 어디에서, 누구에게 임했습니까?(1-2절)

2) 말씀에 사로잡힌 세례 요한은 무엇을 전파했습니까?(3절) 그것은 무엇을 위한 준비였습니까?(4절)

나눔 1. 하나님의 말씀은 황제의 궁궐, 총독의 관저, 부패한 성전이 아니라 '빈 들(광야)'에 있는 요한에게 임했습니다. '빈 들의 사람'을 통해 불의와 탐욕에 눈먼 세상을 깨우려 하신 것입니다. 분주하고 복잡한 세상 속에서 하나님과 독대하며 교제할 수 있는 '자신만의 빈 들(성소)'이 마련되어 있습니까? 언제, 어디에서 묵상의 시간을 갖고 있습니까?

나눔 2. 회개는 단지 죄의 고백만이 아니라 예수님을 내 인생의 주(主)로 영접하는 일이며, 세례는 하나의 종교의식이 아닌 인생의 중요한 전환 즉 옛 삶의 종식과 새 삶의 시작입니다. 회개는 하면서도 같은 죄를 반복해서 짓고 또 삶의 변화가 일어나지 않는다면 그 이유는 무엇일까요? 함께 나눠봅시다.

2. 세례 요한은 세례 받으러 오는 사람들에게 참된 회개를 촉구하고, 오실 '그리스도'에 대해 증언합니다(7-14절).

1) 세례 요한이 누구에게, 무엇을 외치고 있습니까?(7, 8절)

2) 세례 요한은 '회개에 합당한 열매를 맺는 삶'이 무엇인지 구체적인 예를 들어 지적합니다. 어떤 변화입니까?(11-14절)

나눔 3. 요한은 세례를 받으러 오는 사람들에게 회개를 촉구합니다. '마음의 변화'(회개)를 수반하지 않는 세례(의식)는 무의미하기 때문입니다. 다른 외적인 것(세례, 모태신앙, 신앙연륜, 직분, 봉사)으로 진실한 회개를 대체할 수는 없습니다. 형식적이고 거짓되지 않은 참된 회개의 표지는 무엇일까요? 함께 나눠봅시다.

내용정리

하나님의 말씀이 '빈들'에 있는 요한에게 임합니다. 말씀에 붙들린 요한은 사람들에게 회개의 세례를 전파하며, 자신에게 주어진 사명 즉 '주의 길을 준비하는 일'을 감당합니다. 백성들 역시 그 책망과 회개의 촉구를 수용하며 예수님을 '주'(왕)로 맞이할 준비를 합니다. '회개에 합당한 열매'는 탐욕을 버리고 주어진 것에 자족하는 삶으로, 이웃을 이용과 경쟁의 대상으로 여기지 않고 그들을 사랑하고 섬기는 삶으로, 주 앞에서 진실하고 정직한 삶으로 나타납니다. 열매 없이 껍데기만 붙드는 쭉정이의 신앙과 삶을 버리고, 돌이켜 예수님을 내 인생의 주님으로 영접하여 참된 제자의 길, 거룩한 공동체의 길을 걷지 않으렵니까?

마무리 기도

1. 고질적인 죄를 버리고 참된 회개에 이를 수 있도록 자비를 베푸소서.
2. 공동체가 종교적 형식(의식)에만 머문 채 영적 기만에 빠지지 않도록 지키소서.
3. 주간 교회 기도 제목을 가지고 교회를 위해 합심으로 기도합시다.

씨 뿌리는 자의 비유

함께 드리는 찬양	한 주 만에 다시 만나게 하심을 감사하면서 함께 찬양합시다.
은혜 나누기	지난 한 주 동안 말씀을 통해 하나님의 은혜와 인도를 경험한 것을 나눠봅시다.
함께 드리는 기도	한 주간 하나님께서 허락하신 은혜와 기도제목을 생각하며 함께 기도합니다.

성경 읽기 **마태복음 13:1-9, 18-23절**

1그 날 예수께서 집에서 나가사 바닷가에 앉으시매 2큰 무리가 그에게로 모여 들거늘 예수께서
배에 올라가 앉으시고 온 무리는 해변에 서 있더니 3예수께서 비유로 여러 가지를 그들에게 말
씀하여 이르시되 씨를 뿌리는 자가 뿌리러 나가서 4뿌릴 때 더러는 길 가에 떨어지매 새들이 와
서 먹어버렸고 5더러는 흙이 얕은 돌밭에 떨어지매 흙이 깊지 아니하므로 곧 싹이 나오나 6해
가 돋은 후에 타서 뿌리가 없으므로 말랐고 7더러는 가시떨기 위에 떨어지매 가시가 자라서 기
운을 막았고 8더러는 좋은 땅에 떨어지매 어떤 것은 백 배, 어떤 것은 육십 배, 어떤 것은 삼십
배의 결실을 하였느니라 9귀 있는 자는 들으라 하시니라

18그런즉 씨 뿌리는 비유를 들으라 19아무나 천국 말씀을 듣고 깨닫지 못할 때는 악한 자가 와
서 그 마음에 뿌려진 것을 빼앗나니 이는 곧 길 가에 뿌려진 자요 20돌밭에 뿌려졌다는 것은 말
씀을 듣고 즉시 기쁨으로 받되 21그 속에 뿌리가 없어 잠시 견디다가 말씀으로 말미암아 환난
이나 박해가 일어날 때에는 곧 넘어지는 자요 22가시떨기에 뿌려졌다는 것은 말씀을 들으나 세
상의 염려와 재물의 유혹에 말씀이 막혀 결실하지 못하는 자요 23좋은 땅에 뿌려졌다는 것은
말씀을 듣고 깨닫는 자니 결실하여 어떤 것은 백 배, 어떤 것은 육십 배, 어떤 것은 삼십 배가
되느니라 하시더라

도입

예수님은 여러 가지 비유를 통해서 하나님의 나라를 설명하십니다. '씨 뿌리는 자의 비유'를 통해 하나님의 나라에 대한 다양한 반응과 결과를 설명하시고, 말씀을 듣는 무리의 자세에 경각심을 일깨우십니다.

말씀과 나눔

1. 예수님은 자신을 찾은 큰 무리에게 '씨 뿌리는 자의 비유'를 들려주시며 말씀을 경청하는 그들의 태도를 환기시키십니다(1-9절).

1) 예수님은 지금 어디에서, 누구에게 말씀을 전하고 계십니까?(1, 2절)

2) 하나님 나라에 대한 비유들 중에서 가장 먼저 언급하신 비유는 무엇입니까?(3절)

3) 네 종류의 밭에 떨어진 씨앗은 각각 다른 결과를 냈습니다. 밭의 종류와 그 결과를 살펴봅시다(3-8절).

① 땅의 종류:

② 결과:

나눔 1. 하나님 나라의 말씀은 단순히 지적 호기심의 대상이 아닙니다. 그것이 삶이 되고 성품이 되어 열매를 맺을 때까지 추구해야 합니다. 요즘 하나님의 말씀을 듣는 나의 태도는 어떻습니까? 배우고자 하는 열정, 경청하는 태도, 순종하려는 의지가 내게 있습니까?

나눔 2. 마귀의 훼방(길가), 견디기 힘든 시련(돌밭), 뿌리치기 어려운 세상의 유혹과 염려(가시밭)로 인해 말씀은 내 안에서 뿌리를 내리지 못하고, 말씀의 기운은 막혀 열매를 맺지 못합니다. 요즘 나에게 말씀 묵상과 순종의 즐거움을 방해하는 것은 무엇입니까? 또 그런 방해를 허용하지 않고 극복하기 위한 방법은 무엇일까요?

2. 예수님은 네 종류의 밭에 떨어진 씨의 비유를 해석해주십니다(18-23절).

1) 비유의 의미와 의도를 묻기 위해 예수님께 나아온 사람들은 누구였습니까?(10절)

2) 좋은 땅을 제외한 나머지 세 종류의 밭이 열매를 맺지 못한 이유는 어디에 있습니까?

① 길가-

② 돌밭-

③ 가시밭 -

3) 열매를 맺은 좋은 땅은 어떤 사람들입니까?(23절)

나눔 3. 비유의 뜻을 '물으러' 온 제자들처럼(10절) 하나님 나라를 수용하고 진리를 향한 갈구가 있는 이들에게 하나님 나라의 비밀은 열려 있지만, 오만과 태만에 사로잡힌 자들에게 진리의 세계는 닫혀 있습니다. 나는 듣고 배우고 수용하려는 마음의 밭으로 준비되었습니까? 말씀을 좀 더 바르게 깨닫기 위해 어떤 노력을 기울이고 있습니까?

내용정리

예수님은 '씨 뿌리는 자의 비유' 혹은 '네 종류 밭의 비유'를 통해 사람들이 하나님의 말씀에 다양하게 반응하는 모습을 보여주며, 말씀을 듣는 그들의 '경청과 순종의 태도'를 일깨우십니다. 뿌려진 씨가 밭의 정체(길가, 돌밭, 가시떨기, 좋은 땅)를 드러내듯, 예수님의 말씀(비유)은 듣는 무리의 정체와 상태를 숨김없이 드러냈습니다. 말씀은 이용의 대상이 아닌 수용의 대상이며, 분석의 대상이 아닌 순종의 대상입니다. 많이 듣고 아는 것보다 어떤 자세와 동기로 말씀을 듣는지, 또 말씀을 들은 이후 어떻게 반응하는지가 더 중요합니다.

마무리 기도

1. 하나님 나라의 복음(말씀)이 내게 기쁜 소식이 되도록 늘 겸허하고 열린 마음을 주소서.

2. 태만과 오만을 버리고, 유혹과 시련 속에서도 넘어지지 않고 말씀에 뿌리를 내리게 하소서.

3. 주간 교회 기도 제목을 가지고 교회를 위해 합심으로 기도합시다.

네가 나를 사랑하느냐?

함께 드리는 찬양 한 주 만에 다시 만나게 하심을 감사하면서 함께 찬양합시다.
은혜 나누기 지난 한 주 동안 말씀을 통해 하나님의 은혜와 인도를 경험한 것을 나눠봅시다.
함께 드리는 기도 한 주간 하나님께서 허락하신 은혜와 기도제목을 생각하며 함께 기도합니다.

성경 읽기 요한복음 21:15-23

15그들이 조반 먹은 후에 예수께서 시몬 베드로에게 이르시되 요한의 아들 시몬아 네가 이 사
람들보다 나를 더 사랑하느냐 하시니 이르되 주님 그러하나이다 내가 주님을 사랑하는 줄 주
님께서 아시나이다 이르시되 내 어린 양을 먹이라 하시고 16또 두 번째 이르시되 요한의 아들
시몬아 네가 나를 사랑하느냐 하시니 이르되 주님 그러하나이다 내가 주님을 사랑하는 줄 주
님께서 아시나이다 이르시되 내 양을 치라 하시고 17세 번째 이르시되 요한의 아들 시몬아 네
가 나를 사랑하느냐 하시니 주께서 세 번째 네가 나를 사랑하느냐 하시므로 베드로가 근심하
여 이르되 주님 모든 것을 아시오매 내가 주님을 사랑하는 줄을 주님께서 아시나이다 예수께
서 이르시되 내 양을 먹이라 18내가 진실로 진실로 네게 이르노니 네가 젊어서는 스스로 띠 띠
고 원하는 곳으로 다녔거니와 늙어서는 네 팔을 벌리리니 남이 네게 띠 띠우고 원하지 아니하
는 곳으로 데려가리라 19이 말씀을 하심은 베드로가 어떠한 죽음으로 하나님께 영광을 돌릴 것
을 가리키심이러라 이 말씀을 하시고 베드로에게 이르시되 나를 따르라 하시니

20베드로가 돌이켜 예수께서 사랑하시는 그 제자가 따르는 것을 보니 그는 만찬석에서 예수의
품에 의지하여 주님 주님을 파는 자가 누구오니이까 묻던 자더라 21이에 베드로가 그를 보고
예수께 여짜오되 주님 이 사람은 어떻게 되겠사옵나이까 22예수께서 이르시되 내가 올 때까지
그를 머물게 하고자 할지라도 네게 무슨 상관이냐 너는 나를 따르라 하시더라 23이 말씀이 형
제들에게 나가서 그 제자는 죽지 아니하겠다 하였으나 예수의 말씀은 그가 죽지 않겠다 하신
것이 아니라 내가 올 때까지 그를 머물게 하고자 할지라도 네게 무슨 상관이냐 하신 것이러라

도입

예수님은 부활 후 '세 번째'로 제자들에게 나타나십니다. 특히 오늘 본문에서 예수님은 베드로에게 '세 번'이나 같은 질문을 하시며 진정으로 회개할 기회를 주십니다. 그리고 사랑을 고백하는 베드로에게 사명을 맡기십니다.

말씀과 나눔

1. 예수님과 베드로 사이에 주고받은 대화를 살펴봅시다(15-17절).

1) 예수님은 세 번이나 베드로에게 무엇을 물으십니까?(15–17절)

2) 왜 세 번 물으셨을까요? 어떤 사건이 생각납니까?(13:37–38; 18:27)

3) 베드로가 세 번 사랑한다고 고백하자 예수님은 어떤 사명을 주십니까? 이것을 통해 사랑과 사역은 어떤 관계가 있음을 보여줍니까?(15–17절)

(1) 사명:

(2) 관계:

나눔 1. 세 번의 부인을 통한 철저한 배신에 대해 세 번의 무례한 듯 보이는 질문을 통해 베드로에게 지독하게 철저하고 진실한 사랑을 요구하십니다. 세 번이나 묻고 또 물으신 뜻이 여기에 있지 않을까요? 주님이 자꾸만 나의 진심을 확인하기 위해 '말씀으로' 또는 '사건으로' 다짐받고 있다고 느낀 적이 있었다면 함께 나눠봅시다.

나눔 2. 베드로가 사랑한다고 고백할 때마다 양을 치고 먹이라는 사역과 사명을 주십니다. 그것은 사랑이 없이는 주의 양을 돌볼 수 없다는 뜻이며 또한 사랑의 고백은 주께서 주신 사명에 충성하는 실천으로만 그 진실성이 증명될 수 있다는 뜻도 될 것입니다. 주님을 향한 나의 사랑은 어떻게 표현되고 있습니까?

2. 예수께서 말씀하신 베드로의 앞날에 대해서 살펴봅시다(18-23절).

1) 예수님은 베드로가 주님의 양을 먹이고 치는 일을 감당할 때 어떤 일을 겪을 것이라고 하십니까?(18절)

2) 이것은 무슨 사건을 가리키며, 예수님은 어떻게 명령하십니까?(19절)

3) 이에 대한 베드로의 반응과 예수님의 반응을 살펴봅시다.

(1) 베드로의 반응(20–21절):

(2) 예수님의 대답(22–23절):

나눔 3. 베드로는 장차 예수님처럼 자기 목숨을 버려서 양들을 치고 먹이는 목자가 되게 하실 것이고, 요한은 좀 더 오래 살면서 다른 사명을 감당하게 하실 것입니다. 공동체(가정, 교회, 직장, 학교 등)와 일상 속에서 주님이 내게 주신 사명은 무엇입니까? 또 사명을 찾기 위해 어떤 노력이 필요할까요? 구체적으로 나눠봅시다.

내용정리

예수님은 '나를 사랑하느냐'는 세 번의 질문으로 베드로에게 참된 회개를 요구하십니다. 그리고 그의 회개의 고백인 사랑 고백을 듣고 사명을 맡기십니다. 진정으로 예수님을 알고 예수님을 사랑하는 사람만이 예수님의 양이 되고, 예수님의 심정으로 그 양을 먹이고 칠 수 있습니다. 주님은 우리가 서로의 은사와 사명을 견주지 않고, 주님을 향한 사랑으로 내게 주어진 자리에서 맡겨진 일에 충성하는 진실하고 신실한 제자가 되기를 바라십니다.

마무리 기도

1. 주님의 큰 사랑에 부응하며 살게 하소서.
2. 직분과 소명을 충성스럽게 감당하여 저의 고백이 입술의 고백에 그치지 않게 하소서.
3. 주간 교회 기도 제목을 가지고 교회를 위해 합심으로 기도합시다.

빌립의 복음 전도

함께 드리는 찬양　한 주 만에 다시 만나게 하심을 감사하면서 함께 찬양합시다.
은혜 나누기　지난 한 주 동안 말씀을 통해 하나님의 은혜와 인도를 경험한 것을 나눠봅시다.
함께 드리는 기도　한 주간 하나님께서 허락하신 은혜와 기도제목을 생각하며 함께 기도합니다.

성경 읽기　사도행전 8:26-36

26주의 사자가 빌립에게 말하여 이르되 일어나서 남쪽으로 향하여 예루살렘에서 가사로 내려
가는 길까지 가라 하니 그 길은 광야라 27일어나 가서 보니 에디오피아 사람 곧 에디오피아 여
왕 간다게의 모든 국고를 맡은 관리인 내시가 예배하러 예루살렘에 왔다가 28돌아가는데 수레
를 타고 선지자 이사야의 글을 읽더라 29성령이 빌립더러 이르시되 이 수레로 가까이 나아가
라 하시거늘

30빌립이 달려가서 선지자 이사야의 글 읽는 것을 듣고 말하되 읽는 것을 깨닫느냐 31대답하되
지도해 주는 사람이 없으니 어찌 깨달을 수 있느냐 하고 빌립을 청하여 수레에 올라 같이 앉으
라 하니라 32읽는 성경 구절은 이것이니 일렀으되 그가 도살자에게로 가는 양과 같이 끌려갔
고 털 깎는 자 앞에 있는 어린 양이 조용함과 같이 그의 입을 열지 아니하였도다 33그가 굴욕을
당했을 때 공정한 재판도 받지 못하였으니 누가 그의 세대를 말하리요 그의 생명이 땅에서 빼
앗김이로다 하였거늘 34그 내시가 빌립에게 말하되 청컨대 내가 묻노니 선지자가 이 말한 것이
누구를 가리킴이냐 자기를 가리킴이냐 타인을 가리킴이냐 35빌립이 입을 열어 이 글에서 시작
하여 예수를 가르쳐 복음을 전하니 36길 가다가 물 있는 곳에 이르러 그 내시가 말하되 보라 물
이 있으니 내가 세례를 받음에 무슨 거리낌이 있느냐

도입

빌립은 주의 사자의 이끌림을 받아 에티오피아 내시에게로 가서 그가 읽고 있던 성경에서 시작하여 예수를 가르쳐 복음을 전합니다. 그리고 그에게 세례를 베풀어줍니다.

말씀과 나눔

1. 주의 사자는 사마리아 성에서 복음을 전하던 빌립을 에티오피아 내시에게로 보내어 복음을 전하게 합니다(26-29절).

1) 주의 사자는 전도자 빌립을 누구에게로 보냅니까? 그는 어떤 사람이었습니까?(27절)

2) 에티오피아 내시가 예루살렘을 방문한 목적은 무엇입니까? 또 수레를 타고 돌아가면서 그가 했던 일은 무엇입니까?(28절)

나눔 1. 복음의 증인으로 부름받은 우리 모두에게 필요한 것이 바로 이 '영적인 민감함'입니다. 우리가 가고 싶은 곳과 하고 싶은 일을 말하기 전에, 하나님께서 먼저 보시고 먼저 가 계시고 먼저 일하고 계신 곳을 듣고 참여하는 것입니다. 주님은 내게 '누구'를 향해 기도하고 복음을 나누도록 거룩한 부담을 주셨습니까?

나눔 2. 복음의 증인들에게 필요한 것은 '단순한 순종과 기동성'입니다. 이는 하나님의 음성을 향해 늘 귀를 열고 있을 뿐 아니라, 영적으로 갈급하고 곤궁하여 복음이 필요한 세상을 향한 긍휼의 마음을 품고 있을 때 할 수 있는 일입니다. 최근 단순한 순종을 통해 누렸던 하나님의 은혜와 역사가 있었다면 나눠볼까요?

2. 빌립은 성경을 읽고도 이해하지 못한 내시에게 그 의미를 풀어주며 예수를 전합니다(30-35절).

1) '읽는 것을 깨닫느냐?'는 빌립의 질문에 내시는 어떻게 응답합니까?(31절)

2) 빌립은 내시에게 이사야의 예언의 뜻을 풀어주며 누구를 전했습니까?(35절)

나눔 3. 전도자 빌립은 언제 어떤 상황 속에서도 말씀으로 예수님을 전할 준비가 된 복음 증거자였습니다. 시대의 필요와 도전을 예리하게 파악하고 말씀으로 응전하여 건강한 공동체의 지체로 세워가는 사역자, 성경교사, 복음의 증인이 되기 위해 내게 필요한 것은 무엇입니까? 어떤 준비가 필요할까요?

3. 빌립은 내시에게 세례를 베푼 후, 주의 영에 이끌려 여러 성을 다니며 복음을 전합니다(36-40절).

1) 빌립에게서 들은 복음을 믿고 받아들인 내시는 무엇을 요청합니까?(36절)

2) 세례를 베푼 후, 두 사람의 행보는 각각 어떠했습니까?(39, 40절)

나눔 4. 에티오피아 내시는 이방인이면서 유월절과 오순절을 지키러 예루살렘 순례의 길에 오를 만큼 '열심'이 있었습니다. 오가는 길에 성경을 읽을 만큼 '열성'이 있었습니다. 자신의 무지를 인정하고 도움을 청할 만큼 진리를 향한 '열정'이 있었습니다. 요즘 말씀을 향한 나의 열정, 말씀을 대하는 나의 태도는 어떻습니까?

내용정리

에티오피아 내시는 이방인이면서 유월절과 오순절을 지키러 예루살렘 순례의 길에 오를 만큼'열심'이 있었습니다. 오가는 길에 성경을 읽을 만큼 '열성'이 있었습니다. 자신의 무지를 인정하고 도움을 청할 만큼 진리를 향한 '열정'이 있었습니다. 빌립에게서 들은 복음을 즉시 수용하고 세례를 요구할 만큼 결단력 있는 사람이었습니다. 진리를 추구하는 마음, 진리를 향해 열린 마음, 진리를 수용하는 마음이 내게도 있습니까? 요즘 말씀을 대하는 나의 태도는 어떻습니까?

마무리 기도

1. 빌립처럼 성령의 사람, 긍휼의 사람, 순종의 사람이 되게 하소서.
2. 공동체의 영적인 필요에 민감하고 이것을 채울 수 있을 말씀에 능한 일꾼을 주소서.
3. 주간 교회 기도 제목을 가지고 교회를 위해 합심으로 기도합시다.

고난을 이기는 영광

함께 드리는 찬양 한 주 만에 다시 만나게 하심을 감사하면서 함께 찬양합시다.
은혜 나누기 지난 한 주 동안 말씀을 통해 하나님의 은혜와 인도를 경험한 것을 나눠봅시다.
함께 드리는 기도 한 주간 하나님께서 허락하신 은혜와 기도제목을 생각하며 함께 기도합니다.

성경 읽기 **로마서 8:18-30**

18생각하건대 현재의 고난은 장차 우리에게 나타날 영광과 비교할 수 없도다 19피조물이 고대
하는 바는 하나님의 아들들이 나타나는 것이니 20피조물이 허무한 데 굴복하는 것은 자기 뜻이
아니요 오직 굴복하게 하시는 이로 말미암음이라 21그 바라는 것은 피조물도 썩어짐의 종노릇
한 데서 해방되어 하나님의 자녀들의 영광의 자유에 이르는 것이니라 22피조물이 다 이제까지
함께 탄식하며 함께 고통을 겪고 있는 것을 우리가 아느니라 23그뿐 아니라 또한 우리 곧 성령
의 처음 익은 열매를 받은 우리까지도 속으로 탄식하여 양자 될 것 곧 우리 몸의 속량을 기다리
느니라 24우리가 소망으로 구원을 얻었으매 보이는 소망이 소망이 아니니 보는 것을 누가 바라
리요 25만일 우리가 보지 못하는 것을 바라면 참음으로 기다릴지니라

26이와 같이 성령도 우리의 연약함을 도우시나니 우리는 마땅히 기도할 바를 알지 못하나 오
직 성령이 말할 수 없는 탄식으로 우리를 위하여 친히 간구하시니라 27마음을 살피시는 이가
성령의 생각을 아시나니 이는 성령이 하나님의 뜻대로 성도를 위하여 간구하심이니라 28우리
가 알거니와 하나님을 사랑하는 자 곧 그의 뜻대로 부르심을 입은 자들에게는 모든 것이 합력
하여 선을 이루느니라 29하나님이 미리 아신 자들을 또한 그 아들의 형상을 본받게 하기 위하
여 미리 정하셨으니 이는 그로 많은 형제 중에서 맏아들이 되게 하려 하심이니라 30또 미리 정
하신 그들을 또한 부르시고 부르신 그들을 또한 의롭다 하시고 의롭다 하신 그들을 또한 영화
롭게 하셨느니라

도입

신앙의 여정 가운데 숱한 고난이 있겠지만, 그 고난은 승리 후에 얻게 될 영광과는 비교할 수 없습니다. 하나님은 고난 중에서 '사랑하는 아들의 형상'을 본받도록 우리를 빚으시고, 이 길을 결국 승리로 이끄실 것입니다.

말씀과 나눔

1. 앞으로 나타날 영광이 분명함을 보이기 위해 피조물의 예를 듭니다. 그리고 피조물뿐 아니라 성도들이 고대하는 것이 무엇인지 밝힙니다(18-25절).

1) 피조물이 고대하는 것은 무엇이고, 그 이유는 무엇입니까?

① 고대하는 것(19절) –

② 이유(21절) –

2) 피조물의 지금 상태는 어떠하며, 왜 그렇게 되었다고 말합니까?

① 지금 상태(22절) –

② 이유(20절) –

3) 성도들이 기다리는 것은 무엇입니까?(23절) 그리고 바울은 어떤 사람이 최종적인 구원을 얻는다고 말합니까?(24-25절)

나눔1. 바울은 감당하기 힘든 고난 앞에서도 약해지지 말고 소망 가운데 든든히 맞서라고 말합니다. 하나님 없는 오늘의 영광보다 하나님과 함께하는 영원한 영광을 기대하고 소망하라고 독려합니다. 내 삶에 찾아오는 시련에 대한 나의 반응은 어떻습니까? 고난이 주는 유익에 대한 생각을 함께 나눠봅시다.

나눔 2. 지금 피조물이 고통받는 것은 인간의 죄 때문입니다. 그리스도인이 환경을 보호하는 것은 이웃을 사랑하는 것과 같습니다. 피조물의 고통을 경감하기 위해, 거창하지 않더라도 일상 속에서 내가 실천할 수 있는 것은 무엇일까요? 구체적으로 어떤 노력이 필요할까요?

2. 바울은 비교할 수 없는 영광을 얻도록 도우시는 성령에 대해 언급하고, 그리스도인의 소망이 헛되지 않을 마지막 이유를 제시합니다(26-30절).

1) 우리가 탄식하며 구속의 날을 기다릴 때 누가 어떻게 우리를 도우십니까?(26절)

2) 왜 우리는 소망을 붙들고 인내하며 살 수 있습니까?(28절)

3) 왜 우리는 하나님의 영원한 생명의 약속을 신뢰할 수 있습니까?(29-30절)

나눔 3. 하나님은 성도의 구원을 위해 끝까지 일하시고 성취하십니다. 겉으로는 일이 안 풀리는 듯 보일 수 있지만, 결국 신자의 궁극적 구원을 위해 모든 일을 통제하고 경영하실 것입니다. 구원의 시작과 마지막이 오직 하나님께 달려 있다는 진리가 내 신앙과 삶에 어떤 변화를 주었습니까?

내용정리

바울은 고난 중에서 성도들이 낙심하지 않고 소망을 붙들 수 있는 이유를 제시합니다. 그것은 앞으로 나타날 영광이 현재의 고난과 족히 비교할 수 없을 만큼 크기 때문입니다. 지금 주님 때문에, 복음 때문에 고난을 받지만 그것을 인내하고 견뎌낼 가치가 있습니다. 그것은 소망을 끝까지 붙들고 이 세상과 타협하지 않는 이들에게 약속하신 영광이 크기 때문입니다. 성령님께서 도우시고 하나님께서 함께하실 것이니 꼭 이루어지고 성취될 것입니다.

마무리 기도

1. 십자가 없는 제자도를 가르치는 이 시대의 '번영과 탐욕의 복음'을 경계하게 하소서.
2. 환경을 보호하고 피조물과 더불어 상생하는 삶을 고민하게 하소서.
3. 주간 교회 기도 제목을 가지고 교회를 위해 합심으로 기도합시다.

서로 짐을 지라

함께 드리는 찬양 　한 주 만에 다시 만나게 하심을 감사하면서 함께 찬양합시다.
은혜 나누기 　지난 한 주 동안 말씀을 통해 하나님의 은혜와 인도를 경험한 것을 나눠봅시다.
함께 드리는 기도 　한 주간 하나님께서 허락하신 은혜와 기도제목을 생각하며 함께 기도합니다.

성경 읽기 　갈라디아서 6:1–10

1형제들아 사람이 만일 무슨 범죄한 일이 드러나거든 신령한 너희는 온유한 심령으로 그러한
자를 바로잡고 너 자신을 살펴보아 너도 시험을 받을까 두려워하라 2너희가 짐을 서로 지라 그
리하여 그리스도의 법을 성취하라 3만일 누가 아무 것도 되지 못하고 된 줄로 생각하면 스스로
속임이라 4각각 자기의 일을 살피라 그리하면 자랑할 것이 자기에게는 있어도 남에게는 있지
아니하리니 5각각 자기의 짐을 질 것이라

6가르침을 받는 자는 말씀을 가르치는 자와 모든 좋은 것을 함께 하라 7스스로 속이지 말라 하
나님은 업신여김을 받지 아니하시나니 사람이 무엇으로 심든지 그대로 거두리라 8자기의 육
체를 위하여 심는 자는 육체로부터 썩어질 것을 거두고 성령을 위하여 심는 자는 성령으로부
터 영생을 거두리라 9우리가 선을 행하되 낙심하지 말지니 포기하지 아니하면 때가 이르매 거
두리라 10그러므로 우리는 기회 있는 대로 모든 이에게 착한 일을 하되 더욱 믿음의 가정들에
게 할지니라

도입

바울은 육체의 소욕이 아니라 성령을 따라 사는 그리스도인들이 공동체 안에서는 어떻게 살아야 하는지 구체적으로 가르쳐줍니다. 사랑으로 서로 종 노릇 하라는 명령(5:13)의 실제적인 예를 보여주고 있습니다.

말씀과 나눔

1. 공동체 안에서 성령을 따라 그리스도의 법을 성취하는 삶이 무엇인지를 설명합니다. 지체의 짐을 서로 져야 한다고 권면합니다(1-5절).

1) 공동체 안에서 지체의 잘못(죄)이 드러날 때 어떻게 하라고 권면합니까?(1절)

① 지체에게 –

② 자신에게 –

2) 지체의 어려움(짐)에 대해 어떤 태도를 취해야 할까요? 그것은 무엇을 이루는 일입니까?(2절)

3) 지체의 짐을 지기 전에 해야 할 일은 무엇입니까?(3–5절)

나눔 1. 바울은 성령을 따라 사는(5:26) 성도들은 형제의 죄와 허물이 드러났을 때 온유한 마음으로 바로잡아주라고 권면합니다. 지체의 죄나 지도자의 허물, 공동체의 연약함이 드러나고 보일 때 나의 반응은 어떻습니까? 공동체 안에서 선을 이루고 덕을 세우기 위해 어떤 노력을 기울이고 있습니까?

나눔 2. 그리스도 안에서 자유(5:13)를 누리는 성령의 공동체는, 자기의 유익만을 구하는 '방종의 공동체'가 아니라 다른 지체를 위해 서로 짐을 져주는 자발적인 '섬김의 공동체'입니다. 공동체 안에서 내가 감당해야 할 짐은 무엇입니까? 그리고 내가 미루지 말고 져주어야 할 지체의 짐은 무엇입니까?

2. 선을 행하다가 낙심하지 않고 끝까지 선을 베풀며 살 것을 권면합니다(6-10절).

1) 가르침을 받는 사람은 가르치는 이와 어떤 관계를 맺어야 합니까?(6절)

2) 성령을 따라 선을 행하는 삶에 대해서 세 가지 권면과 그 이유를 밝힙니다.

① 첫째 권면(7a절)과 그 이유(7b-8절) -

② 둘째 권면(9a절)과 그 이유(9b절) -

③ 셋째 권면(10절) -

나눔 3. 육체의 정욕대로 이 땅을 위해 산 사람과 성령의 소욕을 따라 그리스도와 복음을 위해 산 사람의 결과는 분명 다를 것입니다. 이번 한 주간 나는 무엇을 심었습니까? 육체의 소욕입니까? 성령의 소욕입니까? 나와 내 자녀는 어떤 열매를 거둘 것 같습니까? 구체적인 경험을 들어 나눠봅시다.

나눔 4. 선을 행하되 낙심하지 말라고 합니다. 선이 늘 당장 좋은 결과를 내는 것은 아니지만 때가 이르면 반드시 열매를 맺을 것이기 때문입니다. 선을 행하다가 낙심한 적이 있습니까? 그것을 어떻게 극복할 수 있었는지 나눠볼까요? 또 내가 실제적으로 도움을 줄 수 있는 대상과 그 방법을 생각해봅시다.

내용정리

선을 행하되 낙심하지 말라고 합니다. 선이 늘 당장 좋은 결과를 내는 것은 아니지만 때가 이르면 반드시 열매를 맺을 것이기 때문입니다. 그날에 이르기까지 가르치는 자와 배우는 자, 그리고 공동체 지체들끼리 기회 닿는 대로 서로 착한 일로 믿음을 격려해야 합니다. 선을 행하다가 낙심한 적이 있습니까? 그것을 어떻게 극복할 수 있었는지 나눠볼까요? 또 내가 실제적으로 도움을 줄 수 있는 대상과 그 방법을 생각해봅시다.

마무리 기도

1. 주님, 죄와 사망에서 해방되었으니 이제 의의 종이 되어 사랑에 매인 자가 되게 하소서.
2. 제가 섬겨야 할 지체를 알게 하셨을 때 실천할 수 있는 믿음을 주소서.
3. 주간 교회 기도 제목을 가지고 교회를 위해 합심으로 기도합시다.

배우고 확신한 일에 거하라

함께 드리는 찬양 　한 주 만에 다시 만나게 하심을 감사하면서 함께 찬양합시다.

은혜 나누기 　지난 한 주 동안 말씀을 통해 하나님의 은혜와 인도를 경험한 것을 나눠봅시다.

함께 드리는 기도 　한 주간 하나님께서 허락하신 은혜와 기도제목을 생각하며 함께 기도합니다.

성경 읽기 　디모데후서 3:10-17

10나의 교훈과 행실과 의향과 믿음과 오래 참음과 사랑과 인내와 11박해를 받음과 고난과 또한
안디옥과 이고니온과 루스드라에서 당한 일과 어떠한 박해를 받은 것을 네가 과연 보고 알았
거니와 주께서 이 모든 것 가운데서 나를 건지셨느니라 12무릇 그리스도 예수 안에서 경건하
게 살고자 하는 자는 박해를 받으리라 13악한 사람들과 속이는 자들은 더욱 악하여져서 속이기
도 하고 속기도 하나니

14그러나 너는 배우고 확신한 일에 거하라 너는 네가 누구에게서 배운 것을 알며 15또 어려서부
터 성경을 알았나니 성경은 능히 너로 하여금 그리스도 예수 안에 있는 믿음으로 말미암아 구
원에 이르는 지혜가 있게 하느니라 16모든 성경은 하나님의 감동으로 된 것으로 교훈과 책망과
바르게 함과 의로 교육하기에 유익하니 17이는 하나님의 사람으로 온전하게 하며 모든 선한 일
을 행할 능력을 갖추게 하려 함이라

도입

말세에 이 세상은 경건의 모양은 있지만 경건의 능력은 부인하는 자들이 득세할 것이고, 이미 공동체 안에도 진리에서 떠난 자들이 있음을 경고한 후, 그리스도인이 어떻게 경건하게 살 수 있는지 가르쳐줍니다.

말씀과 나눔

1. 바울은 쾌락을 위해 경건을 버리는 이 세상 사람들과는 달리 자신은 어떻게 살았는지 디모데가 알고 있다고 말합니다. 그 내용을 살펴봅시다(10-12절).

1) 디모데가 기억하고 있는 바울의 삶은 무엇입니까?(10절)

2) 디모데가 기억하고 있는 바울의 고난과 핍박의 경험은 무엇입니까?(11절)

나눔 1. 경건의 능력은 없고 모양만 꾸미는(3:5) 이 세대 사람들과는 달리, 진리를 따라 경건하게 산 바울의 삶은 겉으로는 그리 화려하지도, 흠모할 만하지도 않았습니다. 하지만 그에게는 하나님이 때마다 구원해주신 간증(사연)이 있었습니다. 힘겨운 상황 속에서 위로와 격려를 주었던 이들이나 말씀이 있었다면 나눠볼까요?

나눔 2. 바울의 교훈과 행실과 의향, 그의 사랑과 믿음과 인내의 삶은 그가 진리의 사람, 경건의 사람임을 증명합니다. 내 주변에 있는 가족과 이웃, 동료와 지체들은 내가 그리스도인임을 인정할까요? 나는 무엇으로 그것을 증명하고 있습니까?

2. 바울은 디모데가 어떻게 살기를 원하는지 들어봅시다(13-17절).

1) 불의한 세상 속에서 디모데에게 어떻게 살라고 권면합니까?(14a절)

2) 배우고 확신한 일(성경)에 거해야 하는 이유는 무엇입니까?(15b절)

3) 하나님의 감동으로 된 성경은 우리에게 어떤 유익을 줍니까?(16절) 그래서 어떤 사람이 되게 합니까?(17절)

① 유익(16절) -

② 결과(17절) -

나눔 3. 박해 속에서도 경건하게 살 수 있는 능력은 성경을 통해 배워서 확신한 진리를 붙잡는 것입니다. 말씀을 저버리고도 세상에서 성도답게 살 수 있는 길이나 세상을 변화시킬 수 있는 길은 없습니다. 나는 누구에게 그 진리를 배웠습니까? 누구에게 그 진리를 가르쳐 이 세대를 이기도록 돕고 있습니까?

나눔 4. 성경은 우리에게 구원에 이르는 지혜를 가르쳐주고, '하나님의 사람'으로 온전하게 합니다. 나는 날마다 그 성경의 교훈과 책망과 바르게 함과 의로 교육 받기를 힘쓰고 있습니까? 말씀묵상을 통해 내 삶에서, 또 공동체(가정, 교회, 직장 등) 안에서 일어난 구체적인 변화(열매)가 있다면 함께 나눠봅시다.

내용정리

바울은 이 세대를 본받지 않고 주 안에서 경건하게 사는 길을 제시합니다. 그것은 하나님의 감동으로 기록되었고 구원에 이르는 지혜를 주는 말씀 안에 거하는 일입니다. 경건하게 살면 핍박을 받을 수밖에 없는 세상 속에서, 그리스도인들이 고난을 감수하면서도 경건하게 살 수 있는 길은 성경의 진리 안에 거하는 것입니다. 그 성경이 우리에게 구원에 이르는 지혜를 알려주고, 우리를 하나님의 사람으로, 열매 맺는 온전한 사람이 되도록 구비시켜주기 때문입니다.

마무리 기도

1. 세상의 가치와 논리가 아니라 주의 말씀을 기준 삼아 살게 하소서.
2. 우리 자녀들의 공부보다 성경과 하나님을 아는 지식에 더 관심을 기울이는 부모가 되게 하소서.
3. 주간 교회 기도 제목을 가지고 교회를 위해 합심으로 기도합시다.

시험을 만날 때

함께 드리는 찬양 한 주 만에 다시 만나게 하심을 감사하면서 함께 찬양합시다.
은혜 나누기 지난 한 주 동안 말씀을 통해 하나님의 은혜와 인도를 경험한 것을 나눠봅시다.
함께 드리는 기도 한 주간 하나님께서 허락하신 은혜와 기도제목을 생각하며 함께 기도합니다.

성경 읽기 **야고보서 1:1-11**

1 하나님과 주 예수 그리스도의 종 야고보는 흩어져 있는 열두 지파에게 문안하노라 2 내 형제들
아 너희가 여러 가지 시험을 당하거든 온전히 기쁘게 여기라 3 이는 너희 믿음의 시련이 인내를
만들어 내는 줄 너희가 앎이라 4 인내를 온전히 이루라 이는 너희로 온전하고 구비하여 조금도
부족함이 없게 하려 함이라

5 너희 중에 누구든지 지혜가 부족하거든 모든 사람에게 후히 주시고 꾸짖지 아니하시는 하나
님께 구하라 그리하면 주시리라 6 오직 믿음으로 구하고 조금도 의심하지 말라 의심하는 자는
마치 바람에 밀려 요동하는 바다 물결 같으니 7 이런 사람은 무엇이든지 주께 얻기를 생각하지
말라 8 두 마음을 품어 모든 일에 정함이 없는 자로다

9 낮은 형제는 자기의 높음을 자랑하고 10 부한 자는 자기의 낮아짐을 자랑할지니 이는 그가 풀
의 꽃과 같이 지나감이라 11 해가 돋고 뜨거운 바람이 불어 풀을 말리면 꽃이 떨어져 그 모양의
아름다움이 없어지나니 부한 자도 그 행하는 일에 이와 같이 쇠잔하리라

도입

야고보는 흩어져 있는 열두 지파 즉 이 땅에서 나그네로 살아가는 성도들이 여러 가지 시험을 만날 때 어떤 태도를 취해야 하는지를 권고합니다.

말씀과 나눔

1. 야고보는 흩어져 있는 열두 지파 즉 이 땅에서 나그네로 살아가는 성도들이 여러 가지 시험을 만날 때 어떤 태도를 취해야 하는지를 권고합니다(1-8절).

1) 여러 가지 시험을 만날 때 어떻게 받아들이라고 권면합니까?(2절) 그렇게 수용할 수 있는 이유는 무엇입니까?(3절)

2) 야고보는 시험의 유익을 세 가지 단계로 설명합니다(3, 4절).

(1) 시험은 (　　　)의 연단을 가져온다.

(2) 연단은 (　　　)를 만들어낸다.

(3) 인내는 (　　　)을 온전하게 한다.

3) 야고보는 시험 중에 있는 성도에게 '지혜'를 구하라고 권고합니다. 그 이유는 무엇일까요? 어떤 자세로 구해야 할까요?(5-7절)

나눔 1. 광야와 같은 세상에서 순례자로 살아가는 것은 만만치 않습니다. 이 땅에서 피할 수 없는 유혹과 시련이 많기 때문입니다. 그 시험은 다양하게 다가오고 때로는 예기치 않게 엄습하기도 합니다. 요즘 나에게 찾아온 어려움은 없습니까? 그 문제에 대해 나는 어떤 반응과 태도를 보이고 있습니까?

나눔 2. 고난 자체보다 그 이유를 모르는 것이 우리를 더 힘들게 합니다. 그래서 야고보는 현실의 고난을 하나님의 시각과 영원의 시각으로 바라보는 지혜를 구하라고 일깨워줍니다. 어려운 일을 겪으면서 주의 뜻을 깨닫고 반응했던 경험이 있었다면 나눠봅시다.

2. 시험의 예로 '부의 문제'를 다룹니다(9-11절).

1) 가난한 형제와 부한 형제는 각각 무엇을 자랑하라고 권고합니까?(9, 10절)

2) 부한 형제가 자기의 낮아짐을 자랑해야 하는 이유는 무엇입니까?(10, 11절)

나눔 3. 성도의 참된 기쁨과 만족은 소유의 많고 적음이 아니라 주 안에서 변화된 신분에 있음을 아는 것이 진정한 '지혜'입니다. 부의 문제는 이 땅을 사는 성도들에게 피할 수 없는 시험입니다. 때로는 믿음을 연단하는 시련으로, 때로는 믿음에서 멀어지게 하는 유혹으로 다가옵니다. 부를 성공과 행복의 잣대로 삼는 세상에서 '부의 시험'을 어떻게 극복하고 있습니까?

내용정리

하늘의 순례자에게 광야와 같은 이 땅의 삶은 고달프고 고단합니다. 넘어야 할 시험도 많고, 견뎌야 할 시련도 적지 않기 때문입니다. 하지만 하나님은 삶의 일부처럼 피할 수 없는 시험과 시련을 통해 우리를 온전한 하늘 백성으로 창조해가십니다. 이해할 수 없는 고난 속에도 '뜻'이 있기에 지혜를 구하라 하십니다. 두 마음 품고 의심하는 우리와 달리 주시는 데 주저하거나 인색하지 않으시고 한결같은 마음으로 응답하시는 하나님을 신뢰하면서 말입니다. 시련 속에서도 온전히 기뻐하며 온전히 성숙해갑시다.

마무리 기도

1. 시험(고난) 중에 낙심하거나 절망하지 않도록 하늘의 지혜와 능력을 주소서.
2. 공동체가 돈의 문제로 시험에 들지 않도록 지켜주소서.
3. 주간 교회 기도 제목을 가지고 교회를 위해 합심으로 기도합시다.